कबिरा खड़ा बज़ार में

कबिरा खड़ा बज़ार में

भीष्म साहनी

राजकमल प्रकाशन

ISBN : 978-81-267-0541-2

मूल्य : ₹395

पहला संस्करण : 1981
तेरहवाँ संस्करण : 2023

प्रकाशक : राजकमल प्रकाशन प्रा. लि.
1-बी, नेताजी सुभाष मार्ग, दरियागंज
नई दिल्ली-110 002

शाखाएँ : अशोक राजपथ, साइंस कॉलेज के सामने, पटना-800 006
पहली मंजिल, दरबारी बिल्डिंग, महात्मा गांधी मार्ग, प्रयागराज-211 001
1, अनमोल सोराबजी संतुक लेन, धोबी तलाव, मरीन लाइंस, मुम्बई-400 002
वेबसाइट : www.rajkamalprakashan.com
ई-मेल : info@rajkamalprakashan.com

मुद्रक : बी.के. ऑफसेट
नवीन शाहदरा, दिल्ली-110 032

KABIRA KHADA BAZAR MEIN
Play by Bhishma Sahni

प्रिय मित्र
डॉ. रामजी मिश्र के लिए

दो शब्द

नाटक का मंचन पहली बार दिल्ली में श्री एम. के. रैना के कुशल निर्देशन में अप्रैल, 1981 में त्रिवेणी के खुले नाटकगृह में हुआ था और कबीर के पदों को श्री पंचानन पाठक ने स्वरबद्ध किया था। दोनों ही मित्र कबीर की वाणी तथा व्यक्तित्व से गहरे जुड़े हुए हैं, मंचन की सफ़लता का श्रेय इन दोनों उत्कृष्ट कलाकारों को है। दोनों कबीर की वाणी के प्रेमी और कबीर के विचारों-मान्यताओं के उत्साही समर्थक और उनके निर्भीक व्यक्तित्व तथा बाह्याचार विरोधी उनकी भूमिका के प्रशंसक हैं। इसी कारण वे कबीर को उनके परिप्रेक्ष्य में प्रस्तुत करने, उनके पदों को मुखरित कर पाने तथा कबीर के संघर्ष के मूल सामाजिक धरातल को स्थापित करने में सफ़ल हुए हैं।

रैना की मंशा थी कि नाटक में कबीर के पद अधिक संख्या में रखे जाएँ और इस तरह नाटक में संगीत का अंश बढ़ा दिया जाए, चुनांचे, मूल नाटक में जहाँ दस पद थे, मंचन में वे सत्रह बन गए। अनेक पदों का चयन श्री रैना ने स्वयं कर लिया। पाठकजी ने वे धुनें जुटाईं जो लोक-संगीत के निकट और पदों की भावना के अनुरूप थीं। मंचन में अनेक जगह पर छोटी-छोटी जोड़-तोड़ भी की गई, जैसे दो दृश्यों को मिलाकर एक लम्बा दृश्य बना दिया गया (जैसे अंक दो का दूसरा और अंक तीन का

पहला दृश्य)। इसी तरह पहले अंक के दूसरे दृश्य में, कोतवाल और कायस्थ के प्रकट होने से पहले, प्रभातवेला की एक छोटी-सी झाँकी प्रस्तुत की गई, जिसमें प्रभातवेला में सड़क पर सोने-बसनेवाले काशी के दरिद्र नागरिक, अन्धा भिखारी, साधारण स्त्री-पुरुष, भंगी-भिश्ती आदि उठ-उठकर अपने-अपने काम पर निकलते हैं, और नेपथ्य में मन्दिरों की घंटियाँ और घड़ियाल और मस्जिदों की अज़ान आदि सुनाई पड़ते हैं। इससे काशी का वातावरण तैयार करने में बड़ी मदद मिली। नाटक की भाषा में भी, जो खड़ी बोली में लिखा गया है, भोजपुरी का पुट देने का प्रयास किया गया, हालाँकि कुछ मित्रों का कहना है कि वह अवधी अधिक और भोजपुरी कम बन पाई। रैनाजी के सुझाव पर ही नाटक का नाम भी 'कबीरदास' न रखकर 'कबिरा खड़ा बज़ार में' रखा गया।

ज़ाहिर है, मैं उनके बहुमूल्य योगदान के लिए आभारी हूँ।

कुछ मित्रों को शिकायत रही है कि नाटक कबीर के काल, तत्कालीन समाज की धर्मान्धता तथा तानाशाही और कबीर के बाह्याचार-विरोधी पक्ष पर तो प्रकाश डालता है, पर कबीर के आध्यात्मिक पक्ष को अछूता छोड़ देता है, जबकि, उनके अनुसार, कबीर का अध्यात्म-पक्ष ही आज सबसे अधिक मान्य है।

मेरी समझ में कबीर का 'अध्यात्म' मूलतः उनकी मनुष्य-मात्र के प्रति समदृष्टि, प्रेमभाव, भक्तिभाव और व्यापक 'धर्मेतर' दृष्टि से ही पनपकर निकला है। उनके बाह्याचार-विरोधी पद, भक्तिभाव के पद और आध्यात्मिक पद एक ही भूमि से उत्पन्न हुए हैं, एक ही मूल दृष्टि की उपज हैं। इस तरह वे एक-दूसरे से अलग न होकर, एक-दूसरे से अभिन्न रूप से जुड़े हुए हैं। जो साधक अन्तरिक्ष को छूते हैं,

वे धरती पर से उठकर ही अन्तरिक्ष तक पहुँचते हैं। कबीर की यह मान्यता कि हिन्दू और तुर्क 'एक ही माटी भांडे' हैं तथा उनका बाह्याचार-विरोध और सहज समाधि के मार्ग का निर्देश और अनहद नाद में लीन होना एक ही व्यक्तित्व की रचनात्मक दृष्टि की उपज हैं।

हमारे यहाँ एक ऐसी प्रवृत्ति को बढ़ावा दिया जाता है, जहाँ हम किसी महापुरुष को उसके काल और स्थान के सन्दर्भ से काटकर, उसकी सामाजिक भूमिका को गौण बनाते हुए, उसे अध्यात्म के आकाश में विचरते दिखाना चाहते हैं। ऐसा हाल ही में गांधीजी के सम्बन्ध में भी जान-बूझकर किया जा रहा है। देश के स्वतन्त्रता-संग्राम में उनकी विराट भूमिका पर बल न देकर, जिसमें उन्होंने संसार की सबसे शक्तिशाली साम्राज्यवादी सरकार के विरुद्ध देश के लाखों-लाख लोगों को खड़ा कर दिया और देशवासियों में एक नई रूह फूँक दी, उनकी सत्य और अहिंसा-सम्बन्धी मान्यताओं को, देश और काल से काटकर, प्रमुखता देते हुए उन्हें श्रद्धांजलि अर्पित करने की औपचारिकता निभाई जाती है। यह गांधीजी के प्रति घोर अन्याय है। कबीर के साथ भी ऐसा ही करने की प्रवृत्ति पाई जाती है, जो हाल ही में कबीर-जयन्ती के समय प्रस्तुत रेडियो और टेलीविजन के कार्यक्रमों में लक्षित हुई। अपने काल के यथार्थ से और उस यथार्थ के विरुद्ध उनके विकट संघर्ष को न दिखाकर कबीर को ब्रह्म में लीन अध्यात्म के गायक सन्त के रूप में दिखाना कबीर के साथ भी अन्याय करना ही है।

नाटक में उनके काल की धर्मान्धता, अनाचार, तानाशाही आदि के सामाजिक परिप्रेक्ष्य में उनके निर्भीक, सत्यान्वेषी, प्रखर व्यक्तित्व को दिखाने की कोशिश है। उनके अध्यात्म-पक्ष को नकारना अथवा उसकी उपेक्षा करना अपेक्षित नहीं था, उस आधार-भूमि को स्थिर कर पाना ही अपेक्षित था,

जिसमें उनके विराट व्यक्तित्व का विकास हुआ। नाटक में त्रुटियाँ और दोष तो अनेक हैं, इन्हें मैं स्वयं जानता और महसूस करता हूँ, परन्तु यदि वह तत्कालीन सामाजिक परिवेश को किसी हद तक भी स्थापित कर पाया है, जिसके सन्दर्भ में कबीर सक्रिय थे, तो मैं इस प्रयास को सार्थक ही मानूँगा।

दिल्ली
12.10.1981

–भीष्म साहनी

कबिरा खड़ा बज़ार में

पात्र

कबीर	
नूरा	कबीर का पिता
नीमा	कबीर की माँ
लोई	कबीर की पत्नी
काशीनगर का कोतवाल	
कायस्थ	
मठ का महन्त	
मौलवी	
अन्धा भिखारी	
रैदास	कबीर के मित्र
सेना	,,
पीपा	,,
बशीरा	,,
अन्धे भिखारी की माँ	
सिकन्दर लोदी	दिल्ली का शहंशाह

इनके अतिरिक्त **साधु, जुलाहे, चमार, लड़का, नागरिक, पुरुष** तथा **स्त्रियाँ, सिपाही, मुसाहिब** आदि।

पहला अंक

दृश्य : 1

[जुलाहों की बस्ती। छोटे-छोटे झोंपड़े। कहीं सूत पकाया जा रहा है, कहीं खड्डी चल रही है। एक झोंपड़े के सामने नूरा सूत पका रहा है। एक जुलाहा कन्धे पर थान रखे बाहर से आता है और नूरा के पास ठहर जाता है।]

नूरा : बड़ी जल्दी बहुरे बाज़ार से।

जुलाहा : सभी दुकानदार कहते हैं—अभी पहला ही माल नहीं बिका तो और माल लेकर क्या करेंगे!

नूरा : कुछ कमाई तो कर लाए होंगे?

जुलाहा : एक फूटी कौड़ी नहीं मिली; इसरार करो तो कहते हैं, तुम्हारा माल धरा है, उठाकर ले जाओ, हमें नहीं बेचना है। ऐसी मन्दी आई है, कुछ पूछो नहीं, बाज़ार में उल्लू बोल रहे हैं।

नूरा : कबीरवा मिला रहा? उसका भी कुछ माल बिका-उका या नहीं? घर से तो सवेरे ही निकल गया था।

जुलाहा : ये थान तुम्हारा ही माल है, वही दिये हैं।

नूरा : कबीर ने? कबीर ने तुम्हें क्यों दिया? सवेरे तो बेचने गया था।

जुलाहा : कहता था—घर पहुँचा देना, और यह भी संदेसा दिया है कि शाम तक घर लौट आएगा।

नूरा : तुमसे कहाँ मिला था?

जुलाहा : कोतवाली चौक के पास खड़ा था। उसे बहुत-से लोग घेरे खड़े थे।

[थान को चबूतरे पर रखकर बैठ जाता है।]

कबीरे को समझाओ, बहुत बड़बोला हो गया है। बाज़ार में माल बेचने जाता है, माल बेच-खोंचकर सीधे लौट आया करे।

नूरा : क्यों, क्या फिर कोई बात हुई है?

जुलाहा : सराफ़ों के बाज़ार में से निकलकर मैं मस्जिद शरीफ़ की तरफ़ जा रहा था तब मैंने कबीर को पहली बार देखा। पूरा मजमा जमा कर रखा था।

नूरा : क्या कह रहा था?

जुलाहा : वही रोज़ की बक-झक, और क्या? कुछ लोग उसकी बात सुन-सह लेते हैं, कुछ नहीं सह पाते। किसी ने जाकर कोतवाल से शिकायत कर दी तो लेने के देने पड़ जाएँगे।

नूरा : तुम कुछ छिपा रहे हो। सच-सच बताओ, कबीरवा क्या कर रहा था?

जुलाहा : आज बड़े महन्त की झाँकी-सवारी निकल रही थी। वहाँ महन्त के आदमियों ने किसी लौंडे को बेंत मारे। कबीरा बीच में कूद पड़ा। वे बच्चे को तो छोड़ दिये, उल्टे कबीरे पर टूट पड़े। उससे पहले एक मौलवी के साथ भी उलझ रहा था।

[कबीर की माँ दरवाज़े में आकर खड़ी हो जाती है।]

देख तो रहे हो, जुग-ज़माना कैसा आ गया है।

नूरा : *(नीमा से)* सुन लीं बेटे की बातें?

जुलाहा : कोतवाल तो ऐसा आदमी है कि ज़िन्दा गाड़ देता है। पहला कोतवाल सीलदार आदमी था, भला मानुस था, बकस देता था। मगर इस कोतवाल का कोई भरोसा नहीं। सुनते हैं, इसका दादा तैमूर लंग की फ़ौज के साथ आया था। दिल्ली के ख़ून-ख़राबे में उसने ख़ूब हाथ रँगे थे।

नूरा : मैं क्या कहूँ, इस नालायक़ की वजह से जान साँसत में आ गई है।

जुलाहा : मुझसे पूछो तो तुम्हें उसके साथ ख़ुद जाना चाहिए। मंडी में काम निबटाया और घर लौट आए। और मैं तो सल्लाह दूँगा, इसका ब्याह कर दो, अपने आप पैरों में बेड़ियाँ पड़ जाएँगी, मुँह बाए सड़कों पर नहीं घूमा करेगा।

नूरा : हमारी कहाँ सुनता है! दो बार घर से भाग चुका है। एक बार तो कहाँ, हरिद्वार के पास से पकड़कर लाए थे। सच पूछो तो मैं तो उसे लिवाने भी नहीं जाता लेकिन इसकी माँ रो-रोकर आधी हुई जा रही थी। आठ पहर का रोना कौन सुने! मैं जंगलों की ख़ाक छानता, मिन्नत-समाजत करके इसे लौटा लाया तो सात महीने बाद फिर भाग खड़ा हुआ। अब इसे रस्सियों से बाँधकर तो नहीं रखा जा सकता न! कहीं बाँधे गाँव बसा है?

नीमा : हम तो डरते हैं, उससे कुछ नहीं कहते कि कहीं फिर न भाग जाए। हमारे तो धुकधुकी लगी रहती है कि कहीं कोई बात मुँह से न निकल जाए कि फिर भाग खड़ा हो। अबकी भागेगा तो मैं गंगा में डूब मरूँगी।

नूरा : *(गुस्से से)* चबड़-चबड़ बोले जा रही है! तूने ही इसे बिगाड़ा है।

जुलाहा : मेरी मानो, इसका ब्याह कर दो। अपने आप सँभल जाएगा। रोज़-रोज़ लोगों से झगड़ा-टंटा अच्छा नहीं। अच्छा, अब चलूँगा। ये थान-वान सँभाल लो।

[प्रस्थान]

नूरा : *(जुलाहे के चले जाने पर)* घर में खाने को अन्न का दाना नहीं, इधर लड़का अवारा हो गया। हमारी जान लेकर रहेगा।

नीमा : कुछ सोचकर बोला करो जी। कैसी कुबात मुँह से निकाली है!

नूरा : न जाने किसको उठा लाई! तब तो बड़ी मोहगर बनी थी, अब किए को भुगतो। यह तो साँप पालते रहे। न दीन के रहे, न जहान के।

नीमा : क्यों उसे गाली देते हो? वह तो तुम्हें सिर पर उठाए रखता है, और एक तुम हो कि...

नूरा : अबकी बार बाहर गया तो मैं उसकी टँगरी तोड़ दूँगा। मैं उसे घर से बाहर ही नहीं निकलने दूँगा।

नीमा : *(रो पड़ती है)* आए-दिन तुम मुझे कोसते रहते हो। कबीरवा भी कहता था, मैं घर से चला जाऊँगा। मेरी वजह से तुम लोग परेशान रहते हो।

नूरा : उस वक़्त भी मेरी बाईं आँख फड़की थी जिस वक़्त तू उसे उठा लाई थी। अन्दर से मेरे दिल ने कहा था कि नूरा, भूल कर रहे हो, पर तू मेरे सिर पर सवार हो गई, मैं क्या करता!

नीमा : मैं सिर पर सवार हो गई थी? तुम ख़ुद उसे उठाने मेरे साथ गए थे।

नूरा : मैं गया था तेरे दिल की साध पूरी करने के लिए। तू मन में कैसी-कैसी मनौतियाँ मानती रहती थी। पराये कभी अपने नहीं हुए, सदा पराये ही रहते हैं।

नीमा : इसे हमें अल्लाह-ताला ने दिया है। ख़बरदार जो मुँह से एक भी बुरा लफ़्ज़ निकाला!

नूरा : इसे न उठा लाती तो क्या मालूम, मैं दूसरा निकाह कर लेता। घर में अपना बच्चा तो होता। इसे पाल-पोसकर बड़ा किया तो यह फल भोग रहे हैं। दो दिन चैन के नहीं मिलते। करेजे पर होरहा भुनता रहता है।

नीमा : अब कुछ मत कहो जी। उस जैसा बेटा तो दीया लेकर ढूँढ़े नहीं मिलेगा। क़िस्मतवाले थे जो ऐसा सोना बेटा पाया। हमारा घर उज्जर हो गया। कभी ऊँची आवाज़ में बोलता नहीं है।

नूरा : हाँ जी, उसके मुँह में तो ज़बान ही नहीं। हर ऐरे-ग़ैरे से उलझता फिरता है।...जुलाहे का बेटा है तो जुलाहा बनकर रहे। घर से कपड़ा बेचने जाता है तो घंटों अपने निगोड़े साथियों के साथ बैठकबाज़ी करता फिरता है। जहाँ देखो, कबिरवा का दरबार लगा है।

नीमा : हमजोलियों के साथ ही उठता-बैठता है न, इसमें बेजा क्या है? भाँग-धतूरा तो नहीं पीता, जुआ तो नहीं खेलता।

नूरा : सास्तरार्थ करता फिरता है। लट्ठ लिये लोग इसके पीछे घूमते रहते हैं।

नीमा : अच्छा-अच्छा, सास्तरार्थ करता है न, भाँग-धतूरा तो नहीं पीता।

नूरा : बस, एक ही बात रगेदे जा रही है। मुझसे पूछ, भाँग-धतूरा इतना बुरा नहीं है जितना यह सास्तरार्थ। यह तो कभी छूटता ही नहीं, घरों के घर तबाह हो जाते हैं। सिर-फुटौवल अलग होती है।

नीमा : बस, बस, यह तुम क्या बक्के जा रहे हो?

नूरा : आज तो मैं सफ़ा-सफ़ा बात कह दूँगा।

नीमा : *(घबरा जाती है)* क्या कह दोगे? ख़बरदार जो तुम उससे कुछ उल्टी-पल्टी बोले तो! जो वह हमें छोड़कर फिर अलोप हो गया तो?

नूरा : अलोप हो जाए, मेरी बला से। अगर उसे हमारा ख़्याल होता तो वह ऐसे करम करता ही नहीं।

नीमा : *(नूरा की चापलूसी करते हुए)* मैं तुम्हें जानती नहीं हूँ क्या? पहली बार कबीरा घर छोड़कर भाग गया था तो तुम उसी रोज़ उसे ढूँढ़ने निकल पड़े थे। घर में बैठ ही नहीं सकते थे।

नूरा : अबकी नहीं जाऊँगा।

नीमा : तुम नहीं जाओगे? तुम चैन से बैठ ही नहीं सकोगे। मैं तुम्हें जानती नहीं क्या?

नूरा : अपने अपने होते हैं, और पराये पराये। आदमी की तरह रहे तो भी कोई बात है। यह तो नई-नई खुड़ुच करता फिरता है।

[कबीर का प्रवेश। कुछ थका हुआ है।]

नीमा : आ गया, बेटा? *(आगे बढ़कर उसकी ओर जाती है।)*

कबीर : हाँ, माँ!

नीमा : आ, इधर बैठ जा। मैं सत्तू बना लाती हूँ तेरे लिए। *(अन्दर चली जाती है।)*

नूरा : तीनों थान बिक गए? हमसाया तो कह रहा था, बाज़ार में बड़ी मन्दी है। उसका एक भी नहीं बिका।

कबीर : नहीं तो। *(हैरान होकर)* क्या कोई आदमी यहाँ थान नहीं पहुँचा गया?

नूरा : थान तो तू लेकर गया था।

कबीर : नहीं, बाज़ार में मैंने एक से कहा था कि ये थान घर पर पहुँचा दे, बापू को दे आए। मैंने सोचा, पहुँचा दिए होंगे।

नूरा : तू अच्छा ब्यौपार करने जाता है। थान किसी दूसरे के हवाले कर आया है। कौन था वह?

कबीर : बस्ती का ही तो है। मैंने सोचा, अब तक ले आया होगा।

नूरा : कहाँ पर दिये थे?

कबीर : ले आएगा बापू, चिन्ता की कोई बात नहीं। सर्राफ़ों के बाज़ार के चौक में, बनवारी की दुकान के पास खड़ा था।

नूरा : तेरे लिए तो चिन्ता-फ़िकर की कोई भी बात नहीं। आगे से मैं ख़ुद जाया करूँगा। भर पाई है तुमसे।

[नूरा हाथ पोंछकर बड़बड़ाता हुआ जल्दी से अन्दर चला जाता है। जाने से पहले मुड़कर :]

दे गया है थान। करमदीन लाया था। वे रखे हैं। यह धन्धा-ब्यौपार करने चले हैं! इतना भी नहीं मालूम कि थान किसे दिये थे। जान साँसत में आ गई है।

[प्रस्थान]

नीमा : *(अन्दर आते हुए)* ले, खा ले, बेटा!

कबीर : मेरे दोस्तों में से कोई आया था, माँ? रैदास, पोपा, सेना—कोई तो आया होगा?

नीमा : सुन बेटा, तू लोगों से उलझता फिरता है, यह ठीक नहीं है। तू किसी से कुछ न कहा कर।

कबीर : मैंने क्या कहा है, माँ?

नीमा : आज बाज़ार में क्या हुआ था?

कबीर : *(मुस्कुरा देता है)* कुछ भी तो नहीं, माँ! दुकान में सेठिया पड़ा सो रहा था। मैंने सोचा, जागेगा तो थान बेचने की बात करूँगा। उधर दो कसाई एक गाय को बाँधे

लिये जा रहे थे, पीछे-पीछे गाय का बछड़ा चला जा रहा था। मुझे बहुत बुरा लगा।

नीमा : और तू बीच में कूद पड़ा!

कबीर : नहीं तो, मैंने उनसे कुछ नहीं कहा। पर मुझे एक कवित्त सूझ गया। मैंने खड़े-खड़े कवित्त बोल दिया, माँ! मुझे सूझ गया, मैंने कह दिया।

नीमा : लोग तेरे कवित्तों से बिगड़ते हैं तो तू क्यों कहता है? क्या कहा था?

कबीर : मैंने कहा :

दिन भर रोज़ा रहत हैं, रात हनन हैं गाय
यह तो ख़ून वह बन्दगी, कैसे खुसी ख़ुदाय।

नीमा : तुझे कवित्त ही बोलना था तो मस्जिद के सामने तो नहीं बोलता!

कबीर : उस वक़्त मस्जिद के सामने कहाँ खड़ा था? *(मुस्कुराकर)* मस्जिद के पास तो बाद में खड़ा था। और माँ, तुम्हें किसने कहा कि कोई मुझ पर बिगड़ा था?

नीमा : यह आज की बात थोड़े ही है, आए-दिन ऐसा ही होता है। तू क्यों लोगों से सवाल पूछता फिरता है? मौलवी-मुल्लाओं से भी कभी कोई सवाल पूछता है! वे चिढ़ जाते हैं। इन लोगों के हाथ में हमारी रोटी है, कबीरा, तू कब समझेगा? क्यों अपने माँ-बाप को भूखों मारता है?

कबीर : मैंने क्या कहा है, माँ?

नीमा : कुछ सोच-समझकर बात किया कर। यह काशी है बेटा, हिन्दुओं का तीरथ है। और यहाँ का कोतवाल मुसलमान है। सभी कहते हैं—बड़ा बेरहम आदमी है, ज़िन्दा दफ़ना देता है। तू हर किसी से दुश्मनी मोल लेता फिरता है, बेटा, मेरा दिल बहुत डरता है।

कबीर : *(उठ खड़ा होता है)* सुन माँ, एक बात पूछूँ?

नीमा : क्या है?

कबीर : सच-सच बताएगी?

नीमा : क्या है? बुझौवल बुझाता है।

कबीर : पहले तिरवाचा दे कि सच-सच बताएगी। मेरे सिर पर हाथ रखकर कह।

नीमा : कहने की बात हुई तो कहूँगी। ऐसी क़समें मैं नहीं खाती। पूछ, क्या पूछता है।

कबीर : जब मैं बाहर से आया तो बापू कुछ कह रहे थे। वह क्या कह रहे थे?

नीमा : क्या कह रहे थे? कुछ भी तो नहीं!

कबीर : कह तो रहे थे—पराये पराये होते हैं, अपने अपने होते हैं, इसका क्या मतलब था?

नीमा : *(घबरा जाती है)* कुछ भी तो नहीं बेटा, बाज़ार में लेन-देन की बात कर रहे थे। आजकल कोई भी तो अपना नहीं है न!

कबीर : पहले भी तो मैंने उन्हें यह कहते सुना है—'तू इसे न उठा लाई होती तो मैं दूसरा निकाह कर लेता। हम साँप पालते रहे हैं।' इसका क्या मतलब है?

नीमा : कुछ भी तो नहीं!

कबीर : मुझसे छिपाओ नहीं, माँ! *(नज़दीक जाकर)* क्या तुम मुझे कहीं से उठा लाई थीं? क्या मैं किसी दूसरे की औलाद हूँ?

नीमा : *(चुप रहती है, फिर ठहरकर)* तू मेरा जी-जान है रे! ख़बरदार जो फिर कभी ऐसी बात कही!

कबीर : सच-सच बताओ माँ, कौन लोग थे वे?

नीमा : कौन?

कबीर : मेरे माँ-बाप, जिनसे तुमने मुझे गोद लिया था?

नीमा : ऐसी बातें कहते तुझे लाज नहीं आती? क्या मैंने तुझे सौतेले की तरह पाला है? अपने मुँह में कौर नहीं डाला, तेरे मुँह में डाला है।

कबीर : यह मैं कब कहता हूँ...

नीमा : जिसकी गोद में पलकर बच्चा बड़ा होता है, वही उसकी माँ होती है।

कबीर : मैं यह तो नहीं कहता। मैं तो इतना ही पूछता हूँ कि हूँ किसका? किसने मुझे जना था?

नीमा : *(रो पड़ती है)* तू सचमुच पराया है। मेरा होता तो अपनी माँ के साथ ऐसी बातें नहीं करता।

कबीर : *(माँ को बाँहों में भर लेता है)* बिगड़ गई, माँ!

नीमा : जो भी थी, तुझे क्या? तुझे मेरी गोद में डाल गई। मुझे और क्या चाहिए था...?

कबीर : निकल आई न बात! मैंने ठीक ही समझा था।

[नीमा आँसू पोंछती है। कबीर की ओर देखकर मुस्कुराती उसके सिर पर हाथ फेरती है।]

अब यह भी बता दे, कौन थी वह?

नीमा : फिर वही बात?

कबीर : बता दो न, माँ, मैंने सुन न लिया होता तो दूसरी बात थी।

नीमा : *(तनिक रुककर)* थी कोई बदनसीब।

कबीर : तुमसे भी कोई ज़्यादा बदनसीब हो सकता है, माँ?

नीमा : क्या बकता है? तुम दोनों बाप-बेटा, जो मुँह में आए, उगल देते हो।

कबीर : तू उसे जानती है?

नीमा : तू क्यों खोद-खोदकर पूछता है रे? मुझे अच्छा नहीं लगता। तू मुझे मेरे अपने जाये से भी भी ज़्यादा प्यारा है।

कबीर : अच्छा, मैं फिर कभी नहीं पूछूँगा, मगर एक बार बता तो दे। कौन थी वह? क्या मुझे जनकर कहीं फेंक गई थी और तूने उठा लिया था या अपने आप तेरी गोदी

में डाल गई, या बापू किसी घूरे पर से मुझे उठा लाए? कितना-सा था जब तेरी गोद में आया था?

नीमा : *(आँसू पोंछती हुई)* मुझे क्या मालूम था, तू मुझसे एक दिन ऐसे सवाल पूछेगा! तू तो अभी एक दिन का भी नहीं था रे, जनम के पहले दिन से ही तू मेरी गोद में है।

कबीर : कोई मुझे जनकर फेंक गई थी न?

[नीमा चुप रहती है।]

कौन थी वह? तुमसे कभी मिली? घूरे पर फेंक गई थी?

[नीमा चुप रहती है।]

बतलाओगी नहीं?

नीमा : जिस दिन तू मुझे मिला, उस दिन मैं ब्याहकर तेरे बाप के घर आई थी। यह मुझे ब्याहकर पालकी में ला रहा था। हम गंगा पार कर जुलाहों की बस्ती की तरफ़ जा रहे थे, तभी मैं पानी पीने के लिए एक तालाब के पास उतरी। तू मुझे वहाँ पड़ा मिला। तेरे ओठों पर अभी भी तेरी माँ का दूध लगा था। तेरा बाप और मैं तुझे निहारते ही रह गए। मेरी गोद तो अल्लाह-ताला ने मेरे ब्याह के पहले दिन ही भर दी थी।

कबीर : वह तो मुझे मरने के लिए फेंक गई थी और तुम लोग मुझे उठा लाए?

नीमा : वह भी बदनसीब थी कबीरा, वरना अपना बच्चा कौन फेंकता है?

कबीर : तू उसे जानती है, माँ? तुझसे कभी मिली थी?

नीमा : *(थोड़ी देर चुप रहने के बाद)* मिली थी। उसे पता चल गया था कि तुम्हें मैं उठा लाई हूँ। कहीं छिपकर देखती रही थी। वह हमारी झोंपड़ी के आसपास आकर

मँडराती रहती, अन्दर झाँककर देखती, फिर लौट जाती। एक दिन मैंने उसे देख लिया तो बात खुल गई।

कबीर : कौन थी वह?

नीमा : कोई बेवा बामनी थी।

कबीर : बेवा बामनी? *(थोड़ी देर तक चुप रहता है)*

नीमा : उसका नसीब फूट गया था, और क्या?

कबीर : तब तो मैं बड़ी ऊँची जात का हूँ, माँ! *(हँसकर)* ब्राह्मणी का हरामी बेटा! मैं कोई छोटा-मोटा आदमी नहीं हूँ, माँ! तू जानती है, वह कहाँ रहती है?

नीमा : कौन?

कबीर : मेरी...जननेवाली...जनकर फेंकनेवाली?

नीमा : अब तो बहुत बरसों से उसे नहीं देखा, कबीरा। तू क्यों एक ही बात रट रहा है?

कबीर : *(थोड़ी देर तक चुप रहता है)*...कुछ नहीं।

नीमा : *(पास आकर)* तू उसके पास जाना चाहता है? बामनी का बेटाहै, इसलिए? अब तू उसके पास जाएगा? वह मिल जाए तो चला जा बेटा, मैं तुझे नहीं रोकूँगी। हम छोटी जात के जो ठहरे!

कबीर : मुझे घर से निकाल रही हो, माँ? गोद लिये बालक को भी कोई निकालता है? *(हँसकर माँ को बाँहों में भर लेता है।)*

नीमा : मैं तुझे घर से निकालूँगी रे? जिसे पालकर बड़ा किया है, उसे घर से निकालूँगी? तुझे देख-देखकर तो हम दोनों जीते हैं।

[तभी कबीर की पीठ पर लगे ख़ून पर उसके हाथ पड़ते हैं। हाथ खींचते हुए]

यह क्या! तेरा कुर्ता कैसा गीला हो रहा है! अरे, ख़ून! क्यों, कबीरा, तेरे कुर्ते पर ख़ून कैसे लगा है?

कबीर : कुछ नहीं माँ, कुछ भी तो नहीं।

नीमा : *(सिर से पाँव तक काँप जाती है)* आज तुझे फिर किसी ने कोड़े मारे हैं?

कबीर : कुछ भी नहीं हुआ, माँ। मैं तो इसे भूल भी चुका था।

[नीमा भागकर अन्दर जाती है और अन्दर से हल्दी-तेल का ठूठा उठा लाती है]

उतार दे अपना कुर्ता।

[कबीर का कुर्ता उतारकर उसकी पीठ पर तेल चुपड़ती है।]

नीमा : तू यह क्या करता फिरता है, कबीरा, मेरा दिल दहलता है। जिन लोगों के हाथ में ताक़त होती है, उन लोगों के दिल में रहम नहीं होता, बेटा। तू अपनी औक़ात देख। तू मेरी बात मान, बेटा, तू सुनकर अनसुनी कर जाया कर, पर मुँह से कुछ न बोला कर।...क्या बहुत दर्द हो रहा है?

कबीर : कुछ भी तो नहीं माँ, तू यों ही चिन्ता करने लगती है। मुझे तो भूल भी चुका था।

नीमा : चल, लेट जा, इधर मैं खटिया बिछा देती हूँ।

[खाट बिछा देती है, कबीर खाट पर बैठ जाता है।]

कबीर : मेरे मन में कोई सवाल उठे तो मैं पूछूँ भी नहीं? मेरे मन में तरह-तरह के सवाल उठते रहते हैं, माँ, मैं क्या करूँ?

नीमा : बड़े-बड़े मुल्ला-मौलवी, पंडित-सास्तरी सवाल पूछने के लिए बैठे हैं, बेटा, तू न पढ़ा न लिखा, तू अपना काम देख, तुझे सवालों से क्या पड़ी है?

कबीर : कहती तो ठीक हो माँ, पर मन में सवाल उठते ही रहते हैं। और जब उनका जवाब नहीं मिलता तो मन बेचैन हो जाता है।

नीमा : तेरी सारी पीठ छलनी हो रही है, बेटा, किस हत्यारे ने तुझे कोड़े लगाए हैं?

कबीर : अब तो पीठ मज़बूत हो गई है, माँ, अब बहुत महसूस नहीं होता।

नीमा : सुन कबीरा, अगर कोई तुझसे तेरी जात-वात पूछे तो निधड़क कह दिया कर कि मैं बामनी का बेटा हूँ। यह सच भी तो है न, झूठ तो नहीं है।

कबीर : *(हँसकर)* कोई हिन्दू पूछेगा तो कहूँगा ब्राह्मणी का बेटा हूँ, कोई तुर्क पूछेगा तो कहूँगा, नीमा मुसलमानिन का बेटा हूँ। यही न? इसमें हिन्दू भी कोड़े नहीं मारेंगे और तुर्क भी कोड़े नहीं मारेंगे। तू यही चाहती है न?

नीमा : मैं क्या जानूँ, बेटा, तूने दोनों से दुश्मनी मोल ले रखी है। *(थोड़ा रुककर)* एक बात कहूँ, कबीरा?

कबीर : क्या माँ?

नीमा : तू चाहे यहाँ से चला जा और किसी जगह जाकर बस जा। चाहे हमें छोड़कर चला जा, लेकिन अपनी दुरगत न करा।

कबीर : *(हँसकर)* फिर से बन में चला जाऊँ, माँ?

नीमा : हाय, बन में क्यों जाएगा? तू किसी दूसरे शहर नहीं जा सकता?

कबीर : क्या हिन्दू और तुर्क वहाँ नहीं होंगे, माँ?

नीमा : यह तो तीरथ है बेटा, यह धरम का गढ़ है। यहाँ लोग तेरी बात को बुरा मानते हैं, यहाँ ठाँव-ठाँव पर मन्दिर हैं, मस्जिदें हैं।

कबीर : *(हँसकर)* तो मुझे ख़ुद ही घर से निकाल रही हो, माँ?

नीमा : मैं तुझे घर से निकालूँगी? किसी दूसरे शहर में रहेगा तो आराम से तो रहेगा। तुझे कोड़े तो नहीं पड़ेंगे। तू चला जा। वहाँ अपनी खड्डी लगा लेना। अच्छा हो, शादी करके चला जा। अपनी घरवाली को साथ ले जा। कभी-कभी हम तुझसे मिलने आ जाया करेंगे।

कबीर : *(हँसकर)* वहाँ क्या मन में सवाल नहीं उठेंगे?

नीमा : मैं तेरे भले के लिए कहती हूँ, बेटा, चुपचाप अपना धन्धा करो, बुनाई-कताई करो, गिरस्ती बसाओ, तुम्हें क्या ज़रूरत पड़ी है लोगों से झगड़ा-टंटा करने की?

कबीर : बुनाई-कताई तो मैं अब भी करता हूँ, माँ!

नीमा : बुनाई-कताई ही करते तो लोग तुमसे बिगड़ते क्यों? तुम्हारा बाप बुनाई करता है, अपना काम देखता है, उसे कोई कुछ नहीं कहता।

कबीर : मैं किसी से क्या कहता हूँ, माँ?

नीमा : तुम तो उलझते फिरते हो। लोग मुल्ला-मौलवी का वाइज़ सुनते हैं, तो चुपचाप सुनते हैं, पर तुम तो बीच में बोल पड़ते हो। इससे लोगों को गुस्सा आएगा या नहीं?

कबीर : *(हँसकर)* कहती तो ठीक हो, माँ!

[बाहर नूरा के लौटने की आहट। नीमा उठ खड़ी होती है।]

नीमा : मैं जाऊँ बेटा, तेरा बाप लौट आया है...वह कुछ कहा करे तो बुरा नहीं माना कर, बेटा! वह भी तेरा भला चाहता है।

[नीमा का प्रस्थान]

कबीर : *(उठकर एक ओर दीवार के पास जा खड़ा होता है। अँधेरा उतरने लगा है। एक और दिन डूबने लगा है।)*

माँ भी समझती है कि मैं ही लोगों को परेशान करता फिरता हूँ। माँ को मेरी पीठ पर पड़े घाव तो नज़र आते हैं, लेकिन मेरा दिल कैसा छलनी हो रहा है, यह कोई नहीं देख पाता। सभी समझते हैं, मैं आवारा हूँ, लोगों से उलझता फिरता हूँ। मेरी यह भटकन कब ख़त्म होगी, मेरे मालिक? क्या फिर बन में निकल जाऊँ? मुझे शान्ति नहीं चाहिए, मुझे इस अँधेरे में रोशनी की लौ चाहिए। हर समय एक ही सवाल मेरे मन में घूमता रहता है, अगर यह सब झूठ है, तो फिर सच क्या है? मैं भी तेरा बन्दा हूँ, मालिक, फिर मेरी ठौर कहाँ पर है?

परबति परबति मैं फिरिया
नैन गँवाए रोये
सो बूटी पाऊँ नहीं
जाते जीवन होये
सुखिया सब संसार है, खावे अरु सोवे
दुखिया दास कबीर है, जागे अरु रोवे।

[दूर मन्दिरों की घंटियों की धीमी-सी आवाज़। मस्जिद की अज़ान की धीमी आवाज़।]

[पर्दा गिरता है।]

दृश्य : 2

[मंच के बाएँ हाथ, कोतवाल की बारहदरी का एक हिस्सा। कोतवाल एक काशी-निवासी नागरिक के साथ बातें कर रहा है। सामने खुला राजमार्ग है जिस पर किसी-किसी समय लोग आ-जा रहे हैं। पीछे, काशी के मन्दिर आदि दिखाई दे रहे हैं। दूर, किसी मन्दिर में शिव-महिम्न स्तोत्र का पाठ हो रहा है।]

कोतवाल : अखाड़े के महन्त काशी में पहुँच गए?

कायस्थ : पहुँच गए, हुज़ूर! बड़े बाजे-गाजे के साथ उनकी सवारी आ रही है। काशी में प्रवेश कर चुके हैं। अभी पहुँचा ही चाहते हैं।

कोतवाल : मैंने सुना है, बहुत पहुँचे हुए महन्त हैं! कहाँ से आ रहे हैं?

कायस्थ : कुरुक्षेत्र में इनका अखाड़ा है साहिब! वहीं से, साल में एक बार काशीधाम करते हैं।

कोतवाल : सुना है, शहर में बड़ी सजावट की गई है! *(तनिक रुककर)* यह किस धर्म के महन्त हैं?

कायस्थ : धर्म के तो सब हिन्दू ही हैं साहिब, पर हिन्दू-धर्म के अन्दर भी बहुत से धर्म-सम्प्रदाय हैं। अब आपको कैसे समझाएँ! यह शैव हैं हुज़ूर, शिव की उपासना करते हैं।

कोतवाल : आपके यहाँ मठ-मन्दिर, जात-पात बहुत हैं। हम तो इन्हें समझ भी नहीं पाते।

कायस्थ : बहुत हैं, मालिक, ब्राह्मणों की ही 108 जातियाँ हैं। एक-एक जाति की फिर उपजात हैं, हज़ारों जातें हैं।

कोतवाल : इतनी जातों का हिसाब कौन रखता होगा? *(हँसकर)* हमें यहाँ आए महीना-भर हो गया, मगर हम तो इन्हें अभी तक नहीं समझ पाए।

कायस्थ : पूछिए मालिक, हम बताएँगे।

[एक साधु सामने से गुज़रता है, माथे पर सफ़ेद रंग का टीका है।]

कोतवाल : इस आदमी ने सफ़ेद रंग का टीका लगा रखा है, कुछ लोग लाल रंग का टीका लगाते हैं, कुछ लाल और सफ़ेद दोनों। यह माजरा क्या है?

कायस्थ : सफ़ेद टीका लगानेवाले वैष्णव हैं, हुज़ूर। और लाल टीका लगानेवाले देवी की पूजा करते हैं, वे शाक्त हैं।

कोतवाल : लेकिन कुछ लोग लम्बे रुख़ टीका लगाते हैं, ऊपर से नीचे और कुछ लोग सीधे रुख़ टीका लगाते हैं, और बीच में लाल बिन्दी होती है।

कायस्थ : हुज़ूर, सीधे रुख़ टीका लगानेवाले शैव होते हैं—तीन रेखाएँ और बीच में लाल बिन्दी।

कोतवाल : मगर किसी के माथे पर एक रेखा होती है, किसी पर दो, किसी पर तीन भी।

कायस्थ : एक रेखा वे लगाते हैं जो केवल ब्रह्म को मानते हैं।

कोतवाल : और दो?

कायस्थ : जो जीव और ब्रह्म दोनों को मानते हैं।

कोतवाल : और तीन?

कायस्थ : जो जीव, ब्रह्म और प्रकृति को मानते हैं।

कोतवाल : और जो टीका नहीं लगाए?

कायस्थ : ब्राह्मणों में जो टीका नहीं लगाए, उसे चांडाल माना जाता है, मालिक।

कोतवाल : इसका मतलब है, हम चांडाल हुए?

कायस्थ : आप तो कोतवाल हैं, मालिक। मैं तो ब्राह्मणों की बात कर रहा हूँ।

कोतवाल : फिर भी हम चांडाल तो हुए। *(हँसकर)* म्लेच्छ तो आप हमको यों भी कहते हैं।

कायस्थ : जिसके हाथ में भगवान ने शक्ति दी है, उसकी जात नहीं देखी जाती मालिक, उसकी महिमा देखी जाती है। आप तो नगर के कोतवाल हैं।

कोतवाल : ये टीका लगाते किस चीज़ का हैं?

कायस्थ : टीका नहीं मालिक, इसे तिलक कहते हैं। वैष्णव लोग चन्दन का लगाते हैं, और शैव विभूति का लगाते हैं।

कोतवाल : विभूति क्या होती है?

कायस्थ : वह राख होती है—हवन की राख। तिलक जले हुए मुर्दों की राख से भी लगाया जाता है।

कोतवाल : और लाल बिन्दी?

कायस्थ : लाल बिन्दी रोली से लगाई जाती है, वह ख़ून से भी लगाई जाती है।

[दूर से शंख-नगाड़े बजने की हलकी-सी आवाज़ आती है :]

सवारी पहुँच गई है। थोड़ी ही देर में यहाँ पहुँच जाएगी।

[शंख, डमरू, करताल, ढोल-मजीरे और नगाड़ों की आवाज़ धीरे-धीरे ऊँची होती जा रही है।

श्रद्धालु लोग सड़क के किनारे इकट्ठा होने लगते हैं। मंच के एक ओर दर्शकों की गाँठ-सी बन जाती है।]

कायस्थ : सवारी आ पहुँची। महन्त नए मठ की नींव रखने आए हैं, और बड़े मन्दिर में मूर्ति की स्थापना करेंगे।

कोतवाल : मैंने सुना है कि मन्दिर की मूर्तियाँ तो मुसलमान कारीगर बनाते हैं!

कायस्थ : जी। पर स्थापित करने से पहले उन पर गंगाजल छिड़ककर उन्हें पवित्र कर लिया जाता है। प्राण-प्रतिष्ठा तो बाद में होती है। प्राण-प्रतिष्ठा के बाद मूर्ति देवता बन जाती है, उसके पहले तो पत्थर है।

[दो-तीन स्त्रियाँ बार-बार झुककर, दोनों हाथ माथे से लगाए हुए उस दिशा में नमस्कार किए जा रही हैं जिस ओर से सवारी आएगी। शंख-नगाड़े की आवाज़ नज़दीक आ रही है। एक जटाधारी साधु का प्रवेश, उसके हाथ में बड़ा-सा चाबुक है।]

कोतवाल : यह किसलिए?

कायस्थ : यह नीच जात के लोगों को रास्ते पर से हटाने के लिए, मालिक। झाँकी पर किसी कमीन का साया नहीं पड़ना चाहिए।

[साधु हवा में चाबुक चलाता आगे बढ़ जाता है। दो सेवकों का प्रवेश। वे हाथ में झाड़ू लिये सड़क को बुहारते हुए आगे बढ़ जाते हैं। करतल ध्वनि, गायन, नगाड़ों की ध्वनि बराबर ऊँची होती जा रही है। चाँदी का बड़ा-सा पात्र

उठाए एक साधु का प्रवेश। वह सड़क में बाएँ-दाएँ-बीच में थोड़ा-थोड़ा छिड़काव करता जा रहा है। मन्त्रोच्चारण करता आगे बढ़ जाता है।]

कोतवाल : छिड़काव कर रहा है? कितना पानी छिड़क पाएगा?

कायस्थ : नहीं मालिक, यह गंगाजल छिड़क रहा है। रास्ते को पवित्र करने के लिए गंगाजल के थोड़े-से छींटे भी बहुत हैं।

कोतवाल : अब हम यहाँ नहीं रुकेंगे।

कायस्थ : आप तो ओट में हैं मालिक।

कोतवाल : नहीं, नहीं, फिर भी हम नहीं रुकेंगे। आप जो कुछ देखें, हमें बाद में बतलाइएगा। किसी दंगे-फ़िसाद का डर तो नहीं है न?

कायस्थ : हो भी सकता है मालिक, दूसरे अखाड़ेवालों से इनका पुराना वैर है। पिछली बार तोपें चल गई थीं।

कोतवाल : हमें खबर कर देना।

[प्रस्थान]

[भाले, नंगी तलवारें, नेजे उठाए पंक्तिबद्ध अनुयायियों का प्रवेश। वे धीरे-धीरे आगे बढ़ जाते हैं। उसके बाद करतल-ध्वनि करते, नाचते-गाते, स्त्री-पुरुषों का प्रवेश। रंग-रँगीले वस्त्र धारण किए, चिमटे-करतालें बजाते वे आगे बढ़ जाते हैं।

पीछे-पीछे, छह साधुओं के कन्धे पर रखी, चाँदी की झिलमिलाती पालकी प्रगट होती है, जिस पर प्याज़ी रंग के दुकूल वस्त्र में, मोटे-से, जटाधारी, त्रिपुंडधारी महन्तजी बैठे

हैं। बड़ी-सी तोंद, बहुत-सी मालाएँ, आँखों में अपने बड़प्पन का विश्वास। पालकी के आस-पास भक्तजन। पालकी के ऊपर सुन्दर छत्र, पीछे दो साधु। महिलाएँ चँवर झुला रही हैं।

ऐन मंच के बीचोबीच पहुँचकर पालकी रुक जाती है। महन्तजी चाँदी के एक पात्र में से, मुँह में पानी भरकर, सामने की ओर, दर्शकों की दिशा में, कुल्ला करते हैं। कुल्ले की धार लम्बी है। बड़ा सधा हुआ कुल्ला सड़क पर पड़ता है। महन्तजी फिर से मुँह में पानी भरकर एक और कुल्ला बाईं ओर को करते हैं। भक्तजन के बीच खलबली-सी मच जाती है। वे भाग-भागकर, विशेष रूप से स्त्रियाँ, कुल्ले के पानी से सनी मिट्टी को तर्जनी से उठा-उठाकर माथे पर लगाती हैं। स्त्रियाँ उसे छाती पर, कानों पर, सिर पर भी लगाती हैं।

एक साधु महन्तजी के चरणों को तनिक ऊपर उठाता है। भक्तजन भागकर चरणों के निकट आ जाते हैं। महन्तजी का चरण-प्रक्षालन होता है। चरणों को धोने पर, नीचे गिरनेवाला जल, अनेक स्त्रियाँ-पुरुष, अंजुली में ले-लेकर पीते हैं, मस्तक पर धारण करते हैं। महन्तजी पर पुष्प-वर्षा होती है। शंख, डमरू और नगाड़े बजते हैं, शोभायात्रा आगे बढ़ जाती है।]

एक नागरिक : आज चाँदी की पालकी में आए हैं। कुम्भ के मेले में जाते हैं तो सोने की पालकी में जाते हैं।

दूसरा नागरिक : भोजन भी सोने की थाली में करते हैं। पूजा-अर्चना भी सोने के पात्रों से होती है। मठ में एक सौ पन्द्रह हाथी हैं।

पहला नागरिक : इनकी आँखों की ज्योति देखी? इनका ललाट देखा? कैसे चमकता है! यह ब्रह्म तेज है।

दूसरा नागरिक : जिस किसी को कभी घूरकर देखते हैं तो आँखों-ही-आँखों से भस्म कर डालते हैं। इन्हें तीनों लोक, तीनों काल का ज्ञान रहता है।

तीसरा नागरिक : एक बार प्रवचन दे रहे थे कि ललकारकर बोले : 'हमारे सिंहासन पर किसी नीच की छाया पड़ रही है।' एक आदमी उठकर भागा। महाराज ने घूरकर देखा, नीच वहीं भस्म हो गया।

दूसरा नागरिक : पहुँचे हुए महात्मा कुछ भी कर सकते हैं।

तीसरा नागरिक : सचमुच पहुँचे हुए हैं। पहले महन्तजी जब स्वर्ग सिधारे और सवाल उठा कि गद्दी पर कौन बैठे, तो झगड़ा उठ खड़ा हुआ। तीन आदमी थे और तीनों पहुँचे हुए—एक दिव्यज्ञानी, एक परमयोगी और यह ब्रह्मज्ञानी। पर इन्होंने उन दोनों के छक्के छुड़ा दिए। इनकी दिव्यशक्ति से उन दोनों का आसन डोल गया। एक तो मारे गए, दूसरे भागकर वनों में चले गए। बोले—तपस्या करके लौटेंगे और इन्हें भस्म करेंगे, पर अभी तक नहीं लौटे।

पहला नागरिक : सुना है, सौ-सौ स्त्रियों के साथ भोग करते हैं। फिर भी वीर्यपात नहीं होता।

तीसरा नागरिक : वीर्य से ही तो दिव्यज्योति बनती है। चालीस ग्राम भोजन से एक बूँद रक्त बनता है, चालीस बूँद रक्त से एक बूँद स्राव बनता है, और चालीस बूँद स्राव से एक बूँद वीर्य बनता है। अब हिसाब लगा लो कि वीर्य कितना दुर्लभ होता है।

दूसरा नागरिक : लट्ठधारी साधु देखे? भाले और खड्ग लेकर आए हैं। लगता है, झगड़ा होगा।

तीसरा नागरिक : दूसरे मठवाले भी पहुँचे हुए हैं। बहुत-से साधु बाहर से आए हैं।

पहला नागरिक : मैंने तो शंख-तुरही की आवाज़ें सुनीं तो लगा, जैसे कोई लश्कर उतर आया है।

दूसरा नागरिक : ये लश्कर से क्या कम हैं? पिछली बार—याद नहीं? तोपें चली थीं। पूरे पाँच दिन तक दोनों मठों के बीच लड़ाई चलती रही थी।

[नेपथ्य में शोर होता है।]

पहला नागरिक : यह शोर कैसा है? कहीं सचमुच दंगा तो नहीं हो गया?

[पीछे से आवाज़ आती है : 'छोड़ दो इसे! क्या इस मासूम को मार ही डालोगे?'...'तुम कौन हो बीच में पड़नेवाले?'...'छोड़ दो इस बच्चे को।'

कबीर का प्रवेश, एक बच्चे का हाथ पकड़े हुए :]

कबीर : मार ही डालोगे इसे?

दूसरा नागरिक : अरे, कबिरवा है!

[एक साधु का प्रवेश। हाथ में चाबुक। साथ में दो-तीन पंडे हैं।]

साधु : तुम कौन हो बीच में पड़नेवाले?

कबीर : हम तो जो हैं सो हैं, पर इस मासूम पर चाबुक तो नहीं चलने देंगे। *(बच्चे से)* भाग जाओ बेटा।

[बच्चा भाग जाता है।]

पहला नागरिक : छोड़ो, छोड़ो कबिरवा, क्यों उलझते हो इनसे?

दूसरा नागरिक : *(बीच-बचाव करते हुए)* चलिए, चलिए, छोड़िए इस झगड़े को।

साधु : जानते हो, हम किस अखाड़े के हैं? अभी बूड़ दें तो पता भी नहीं चले कि इधर कोई था भी या नहीं था।

कबीर : तभी तो कहा, बड़े सूरवीर हो—साधु भी हो और सूरवीर भी। तभी तो बच्चे को अधमरा करके छोड़ा।

[दो पंडे पीछे से आकर कबीर को पकड़ लेते हैं।]

साधु : पकड़ लो, पकड़ लो! जब तक इसकी चमड़ी नहीं उधड़ेगी तब तक इसके होश ठिकाने नहीं आएँगे।

पहला नागरिक : छोड़ो, छोड़ो, यह क्या करते हो! इसने कुछ नहीं किया।

[कबीर को धकेलकर बाहर ले जाते हैं। पीछे से शोर होने लगता है।]

दंगा हो गया। मैंने कहा था न, आज फ़िसाद होगा।

तीसरा नागरिक : दूसरे अखाड़ेवाले भी लाव-लश्कर से तैयार थे। बहुत-सा बल्लम-भाला इकट्ठा कर रखा था।

पहला नागरिक : ये लोग यहाँ मठ-वठ नहीं बनने देंगे। देख लेना।

[तोप चलने की आवाज़।
दो जटाधारी साधु पीछे की ओर से भागते हुए मंच पर आते हैं। पत्थर उठा-उठाकर

पीछे की ओर फेंक रहे हैं। 'तेरी माँ की'... 'तेरी बहिन की'...कहते हुए बराबर पत्थर फेंके जा रहे हैं। किसी शिवाले से शिव-तांडव स्तोत्र के पाठ की समवेत ध्वनि आती रहती है, जो कभी मन्द और कभी तीव्र हो जाती है।]

[पर्दा गिरता है।]

दृश्य : 3

[कोतवाल की बैठक। दो-तीन मुसाहिब बैठे हैं। अखाड़े का महन्त बैठा है।]

महन्त : आपने कृपा करके हमारी बात सुनी, हम आपके बड़े आभारी हैं।

कोतवाल : आप बहुत बड़े अखाड़े के महन्त हैं, महाराज! आपकी शोहरत दूर-दूर तक फैली है। आप हमारे ग़रीबख़ाने पर तशरीफ़ लाए, इसकी हमें बहुत ख़ुशी है।

महन्त : एक छोटी-सी प्रार्थना और भी है।

कोतवाल : फ़रमाइए।

महन्त : मठ की ज़मीन तो हमारे नाम हो गई। शीघ्र ही वहाँ इमारत भी खड़ी होने लगेगी। और तो सब ठीक है, लेकिन मठ की ज़मीन के ऐन सामने...

कोतवाल : हाँ-हाँ, कहिए।

महन्त : ऐन सामने नीच लोगों की बस्ती है। आप तो जानते हैं, हमारे धर्म में ऊँच-नीच का बहुत ध्यान रखा जाता है।

कोतवाल : तो आप क्या चाहते हैं? वे लोग कौन हैं? सूदर हैं? *(हँस देता है)*

महन्त : सूदर ही समझिए। डोम-चमार हैं।

कोतवाल : तो आप क्या चाहते हैं, उन्हें वहाँ से हटा दिया जाए?

महन्त : हुज़ूर!

कोतवाल : *(चोबदार से)* शेख़ साहिब को तलब करो।

[चोबदार का प्रस्थान]

महन्त : जिस दिन हमने काशी में प्रवेश किया, तभी से हमारी इच्छा थी कि आपके दर्शन करें।

[महन्त रिश्वत देने के लिए कोतवाल के आदमी की ओर बढ़ता है।]

[शेख़ का प्रवेश]

कोतवाल : शेख़ साहिब, देखिए तो यह कौन-सी बस्ती है जो महन्त साहिब की ज़मीन के सामने पड़ती है?

शेख : जानता हूँ हुज़ूर। यह डोमों की बस्ती है। यह बहुत दिन से यहाँ बैठे हैं। बहुत दिन पहले ये लोग बंगाल से आए थे जब वहाँ बदअमनी फैली थी।

कोतवाल : अब महन्त साहिब तशरीफ़ लाए हैं तो कुछ तो करना होगा।

शेख : *(आवाज़ नीची करके)* इनमें बहुत-से लोग ऐसे हैं जिन्होंने दीन क़बूल किया है।...

कोतवाल : ओ! महन्त साहिब, आपकी फ़रमाइश के बारे में सोचना पड़ेगा। क्या आपने काशी के महाराज से बात की है?

महन्त : मैं उन्हीं के अनुरोध पर आपके पास आया हूँ।

कोतवाल : हम सोचकर बताएँगे। हम इस सिलसिले में कोई जाँच-पड़ताल भी करना चाहेंगे। यह काम इतना आसान नहीं है।

[मौलवी का प्रवेश। मौलवी बौखलाया हुआ है।]

मौलवी : आदाब अर्ज है!

कोतवाल : तशरीफ़ रखिए, मौलवी साहिब! कहिए, कैसे आना हुआ? आप कुछ परेशान जान पड़ते हैं। *(महन्त का परिचय कराते हुए)* यह कुरछेटा के महन्त साहिब हैं, हाल ही में काशी में तशरीफ़ लाए हैं। *(महन्त से)* आप तशरीफ़ ले जाइए महन्त साहिब, हम सोचकर आपको जवाब देंगे।

महन्त : बेहतर! जो आज्ञा।

[प्रस्थान]

मौलवी : मैं हैरान हूँ साहिब! चिराग़ तले अँधेरा! आप शहर के कोतवाल हैं और आपके कान पर जूँ नहीं रेंग रही है!

कोतवाल : क्यों, क्या मामला है? किसी ने आपकी तौहीन की है?

मौलवी : मेरी नहीं, मेरे दीन की तौहीन की है। और आज नहीं, बहुत दिन से करता आ रहा है। और अब उसके साथ बहुत-से साथी भी जुट गए हैं।

कोतवाल : खोलकर बताइए मौलवी साहिब।

मौलवी : कबीर नाम के जुलाहे का नाम सुना है?

कोतवाल : वह जो शायरी करता है, कवित्त कहता है? बकने दीजिए जो बकता है।

मौलवी : लाहौल वला कुव्वत, आप क्या कह रहे हैं! मस्जिद शरीफ़ की सीढ़ियों पर खड़ा होकर वह दीन की तौहीन करता रहा है। लाहौल वला कुव्वत! आपकी अमलदारी में यह कहर ढाया जा रहा है, और आप ख़ामोश हैं!

कोतवाल : कोई जनूनी ही ऐसी बात कर सकता है।

मौलवी : जनूनी है या क़ाफ़िर, इसका मुँह तो बन्द कराइए। लाहौल वला कुव्वत, लोग क्या कहेंगे कि आप एक ख़ब्ती से डर गए। आपके रहते किसकी मजाल कि दीन की तौहीन करे? आप यहाँ पर दिल्ली के शहंशाह के ही नुमाइंदा नहीं हैं, आप दीन के भी नुमाइंदा हैं। आप चुप रहेंगे तो लोग कहेंगे कि यहाँ का राजा चूँकि हिन्दू है इसलिए दीन के ख़िलाफ़ कोई कुछ भी कह ले, कोतवाल कुछ नहीं कर सकता। इस आदमी के शेअर और काफ़िए लोगों की ज़बान पर चढ़ते जाते हैं। जहाँ खड़ा होता है, मजमा इकट्ठा कर लेता है। छोटे तबके के लोगों को इश्तआल दे रहा है।

कोतवाल : *(सिर हिलाकर, मुस्कुराते हुए)* आप यह मत समझिए कि हम इन बातों से बेख़बर हैं।...*(धीमी आवाज़ में)* दीन की ख़िदमत मुल्ला-मौलवी इतनी नहीं करते जितनी हाकिम करता है, यह बात गाँठ बाँध लो।

[कोतवाल मौलवी को छोड़, दूसरे मुसाहिब को सम्बोधन करता है :]

लेकिन हाकिम हमेशा सोच-समझकर काम करता है, वह हिकमत से काम लेता है।

मुसाहिब : हुज़ूर।

कोतवाल : मौलवी-मुल्ला बातें बहुत करते हैं, पर सिर्फ़ बातें ही करना जानते हैं। सुनो, हम तुम्हें एक फ़लसफ़े की बात बताते हैं।

मुसाहिब : इरशाद!

कोतवाल : आज से चौदह सौ बरस पहले यीसू मसीह का मज़हब दुनिया में आया था, और वह दुनिया के बहुत बड़े हिस्से

में फैल गया था। तुम क्या समझते हो, वह मज़हब किसने फैलाया?

मुसाहिब : हुज़ूर, उस मज़हब में अक़ीदा रखनेवालों ने।

कोतवाल : ग़लत, बिलकुल ग़लत। उस मज़हब को हुक्मरानों ने फैलाया।

मुसाहिब : हुज़ूर, मज़हब पर एतमाद रखनेवाले लोग बड़ी-बड़ी कुरबानियाँ देते हैं, घर-बाहर छोड़ मारे-मारे फिरते हैं।

कोतवाल : फिरते हैं, हम जानते हैं। *(हँसकर)* लेकिन अगर मज़हब की ख़िदमत उन्हीं लोगों तक रहती तो कोई भी मज़हब आगे नहीं बढ़ पाता। मज़हब के नाम पर सल्तनतें बनती हैं, और सल्तनतों के साये में मज़हब पनपते हैं, हाकिम की तलवार दीन की ख़िदमत करती है। क्या समझे? यही बड़ी फ़लसफ़े की बातें हैं।

मुसाहिब : हुज़ूर!

कोतवाल : हाकिम में और मौलवी-मुल्ला में एक और बात में भी बड़ा फ़र्क़ होता है।

मुसाहिब : वह क्या, हुज़ूर?

कोतवाल : मौलवी लोग जज़्बाती होते हैं, जज़्बात की रौ में बह जाते हैं, जबकि हाकिम जज़्बाती नहीं होता। वह सिर्फ़ दिमाग़ से काम लेता है। यही सबसे बड़ा फ़र्क़ है। हाकिम अक़्ल से काम लेता है। हस्सास, जज़्बाती लोग कुछ नहीं कर पाते। यह भी बड़े फ़लसफ़े की बात है, बड़ी गहरी बात है।

मुसाहिब : हुज़ूर!

कोतवाल : हाकिम अपने अज़ीज़-से-अज़ीज़ दोस्त को भी फाँसी के तख्ते पर चढ़ा सकता है। ख़ूबसूरत-से-ख़ूबसूरत औरत को भी ज़िन्दा दफ़ना सकता है।

मुसाहिब : जी!

कोतवाल : अगर ऐसा नहीं होता तो क्या हाकिम लोग कभी जंग लड़ सकते थे?

मुसाहिब : *(सिर हिलाते हैं)* नहीं मालिक।

कोतवाल : इसलिए समझ लो, हाकिम जज़्बात की रौ में नहीं बहता, हाकिम सोचता है, वह ध्यान लगाता है। जैसे जोगी ध्यान लगाता है, हाकिम ध्यान लगाता है।

मुसाहिब : जी!

कोतवाल : यही फ़र्क़ है। हाकिम ध्यान लगाता है। वह ध्यान लगाकर फ़ैसले देता है, वह सच्चा जोगी है।

मुसाहिब : जी!

कोतवाल : इसी तरह मज़हब और क़ौम की सबसे बड़ी ख़िदमत हाकिम करता है जो जज़्बाती नहीं होता। *(रुककर, मौलवी से)* अब बताओ, यह कबीरदास क्या कहता है?

मौलवी : कहता है, मन्दिर में मत जाओ; मस्जिद में मत जाओ। पंडित-पुजारियों को भी गालियाँ देता है, मौलवी-मुल्लाओं को भी।

कोतवाल : पंडित-पुजारियों को गाली देता है तो बेशक देता फिरे, मगर हमारे दीन को गाली न दे।

मौलवी : ठिठोलियाँ करता है, मज़ाक उड़ाता है।

कोतवाल : *(मुस्कुराकर)* जो आदमी लोगों को दीन के खिलाफ भड़काता है, वह उन्हें निज़ाम के खिलाफ़ ही भड़काता है। इसका यही मतलब समझना चाहिए। वह निचले तबके के लोगों को सरकश बना रहा है। कौन लोग हैं इसके साथ?

मौलवी : बहुत लोग तो नहीं हैं, उस जैसे कवित्त कहनेवाले तो दो-तीन ही हैं, लेकिन ग़रीब लोगों, हिन्दू-मुसलमान

नीच जात के सभी लोगों को यह घेर लेता है। वे इसकी बात सुनते हैं।

[बाहर कोई भिखारी कबीर का पद गाता हुआ चला जा रहा है।]

भिखारी : बहुत मिलें मोहि नेमी धरमी, प्रात करें असनाना
पीपर पाथर पूजन लागै, तीरथ बने भुलाना
बहुत ही देखे पीर औलिया, पढ़ै किताब क़ुराना
करै मुरीद कबर बतलावै, उनहूँ ख़ुदा न जाना।

कोतवाल : यह कौन है?

मुसाहिब : बाहर गली में कोई गा रहा है। *(मुसाहिब उठकर खिड़की की ओर जाता है।)*

भिखारी : *(आवाज़ आती है)* कहै कबीर सुनौ भाई साधो, इनमें कौन दिवाना!

कोतवाल : क्या यह कबीर है?

मौलवी : *(उठकर खिड़की की ओर जाता है)* यह कबीरदास नहीं है, हुज़ूर, उसे तो मैंने देखा है। यह तो कोई अन्धा भिखारी है। गा-गाकर भीख माँग रहा है।

मुसाहिब : पर कबीर का कवित्त गा रहा है।

कोतवाल : *(मुस्कुराता है)* हमारे ही घर के सामने? *(चोबदार से)* इस आदमी को अन्दर बुला लाओ।

[चोबदार बाहर जाता है।]

मुसाहिब : कबीर और उसके साथियों के कवित्त बहुत लोग गाते फिरते हैं।

[अन्धे भिखारी का प्रवेश]

कोतवाल : यह तुम क्या गा रहे हो?

भिखारी : एक कवित्त है मालिक, वही गा रहे हैं।

कोतवाल : किसने तुम्हें यह गीत सिखाया है?

भिखारी : सिखाया तो किसी ने नहीं। दो-एक दफ़े कबीरदास के मुँह से सुना तो कंठ हो गया।

कोतवाल : तुम कबीरदास के बहुत-से कवित्त जानते हो?

भिखरी : दो-तीन ही जानते हैं माई-बाप। ज़्यादा तो नहीं।

कोतवाल : कोई और कवित्त सुनाओ।

भिखारी : *(उत्साहित होकर)* अच्छा मालिक!

वही महादेव, वही मुहम्मद, ब्रह्मा आदम कहिए।
को हिन्दू, को तुरक कहावै, एक जिमी पर रहिए।
वेद कितेब पढ़े वे कुतबा, वे मुल्ला वे पांडे।
बोगी जोगी नाम धरायो इक माटी के भांडे॥
कहहिं कबीर वे दोनों भूले...

कोतवाल : *(बीच में रोककर)* बस-बस, ठीक है, बहुत है।

[एक अशरफी निकालकर उसकी ओर फेंकता है।]

भिखारी : आपका रहम बना रहे।

[अशरफी माथे पर लगाता है।]

कोतवाल : क्या और लोग भी कबीरदास के कवित्त गाते फिरते हैं या अकेले तुम्हीं गाते हो?

भिखारी : और भी गाते होंगे मालिक, हम का जानी!

कोतवाल : तुम कबीरदास को जानते हो?

भिखारी : जानते हैं साहिब, दो-एक दफ़े वह हमारी कुटिया में भी आए हैं।

कोतवाल : अच्छा, जाओ।

भिखारी : अच्छा, बन्दगी हुज़ूर!

[प्रस्थान]

[बाहर जाकर फिर गाने लगता है]

भिखारी : साधो, एक रूप सब माँही।
अपने मनहि विचार के देखो और दूसरा नाहीं।
एकै त्वचा, रुधिर पुन एकै, विप्र शूद्र के माहीं॥

कोतवाल : *(चोबदार से)* इधर आओ!

[चोबदार सामने आकर खड़ा हो जाता है]

इस आदमी को पाँच कोड़े लगाओ और ख़बरदार कर दो कि अगर फिर कभी कबीरदास का गीत गाता पकड़ा गया तो चमड़ी उधेड़ दूँगा। और देखो, इधर शोर नहीं हो।

चोबदार : हुज़ूर!

[प्रस्थान]

कोतवाल : *(दम्भ और आत्मतुष्टि से)* अब तुम क्या समझते हो, हमने कबीरदास को क्यों नहीं पकड़ा, इस अन्धे भिखारी को क्यों सजा दी?

मुसाहिब : हुज़ूर...!

कोतवाल : इसलिए कि सब काम हिकमत से किए जाते हैं। पाँच कोड़े खाने के बाद अब यह भिखारी कबीरदास के कवित्त नहीं गाएगा। यही नहीं, इस शहर में ही अब कबीरदास के कवित्त कोई नहीं गाएगा।

मौलवी : सही है। लेकिन जब तक कबीरदास का मुँह बन्द नहीं कराया जाएगा, तब तक इस मर्ज का इलाज नहीं हो पाएगा।

कोतवाल : सुनो मौलवी, यह शहर हिन्दुओं का मुक़द्दस शहर है। यहाँ का राजा हिन्दू है। वह लोदी बादशाह को ख़िराज देता है। अगर मज़हब के नाम पर इस आदमी को पकड़कर सज़ा देंगे तो किसी को बुरा लग सकता है।

मौलवी : किसी को कोई बुरा नहीं लगेगा। हिन्दू लोग तो हमसे भी ज़्यादा इस आदमी से आज़िज़ आए हुए हैं। वह आए-दिन उनके मज़हब को भी बुरा-भला कहता फिरता है। कई बार वे इसे सज़ा दे चुके हैं।

कोतवाल : तुम कभी नहीं समझोगे। *(मुस्कुराकर)* तुम क्या सोचते हो, हमारे लिए कबीरदास को सज़ा देना मुश्किल काम है? *(रुककर)* कौन आदमी है यह, कबीर? क्या किसी राजा का बेटा है?

मुसाहिब : नहीं, हुज़ूर!

कोतवाल : क्या वह कोई रईस है? साहिब-ए-जायदाद है? कितनी हवेलियाँ हैं उसकी? कितने हाथी-घोड़े हैं उसके पास?

मुसाहिब : आप तो हुज़ूर, मज़ाक कर रहे हैं! *(हँसकर)* जुलाहे के पास कहाँ हाथी-घोड़े होंगे।

कोतवाल : कल बड़े चौक में, हमारे हुक्म से, कितने आदमियों को हाथी के पैरों के नीचे कुचलवाया गया था?

मुसाहिब : तीन राहज़न थे हुज़ूर।

कोतवाल : क्या उनमें से कोई ज़िन्दा बचा था?

मुसाहिब : बच कैसे सकता था, हुज़ूर! अभी भी तीनों की लाशें चौक में पड़ी हैं।

कोतवाल : क्या कबीरदास जुलाहे को ख़त्म करना हमारे लिए मुश्किल काम है?

मुसाहिब : नहीं हुज़ूर, आपके लिए क्या मुश्किल है, आपके लिए तो हुक्म-भर देने की देर है!

कोतवाल : लेकिन अगर हम ऐसा हुक्म नहीं देते तो क्यों नहीं देते?

मुसाहिब : कोई वजह रही होगी मालिक, जिसे आप बेहतर जानते हैं!

कोतवाल : ज़रूरत इस बात की नहीं कि कबीर को सज़ा दी जाए। ज़रूरत इस बात की है कि उसकी बात सुननेवालों के दिल में दहशत फैल जाए। अगर हम कबीर को सज़ा देंगे तो उसकी बात सुननेवालों के दिल में उसके लिए हमदर्दी पैदा होगी। इसी को हिकमत कहते हैं।

दोनों : *(मौलवी और मुसाहिब)* जी, बेशक! *(दोनों सिर हिलाते हैं)*

[चोबदार घबराया हुआ अन्दर आता है।]

कोतवाल : क्यों, क्या है? भिखारी को कोड़े लग गए?

चोबदार : हुज़ूर! लेकिन वह तो चौथे कोड़े पर ही दम तोड़ गया।

कोतवाल : दम तोड़ गया! तुमने इतने ज़ोर से कोड़े लगाए थे क्या?

चोबदार : *(सिर झुकाकर खड़ा हो जाता है)* हुज़ूर!

कोतवाल : *(कुछ सोचकर)* उस आदमी की लाश कहाँ पर है?

चोबदार : हुज़ूर, अभी तो कोतवाली के आँगन में ही पड़ी है।

कोतवाल : कोई फ़िक्र की बात नहीं। इसे उसके घर पर भिजवा दो, और हमें हर बात की ख़बर मिलती रहे।

चोबदार : हुज़ूर!

[पास आकर वह अशरफ़ी तिपाई पर रख देता है जो कोतवाल ने भिखारी को दी थी।]

कोतवाल : यह क्या है?

चोबदार : यह अशरफ़ी है साहिब, जो हुज़ूर ने उसे अता फरमाई थी।

कोतवाल : इससे सभी को कान हो जाएँगे। जब उसकी लाश गली-गली ले जाई जाएगी और साथ में सरकारी आदमी होगा तो अपने-आप दहशत फैलेगी...तुम लोग जा सकते हो!

[कोतवाल उठकर खिड़की की ओर चला जाता है और पीठ-पीछे हाथ बाँधे बाहर की ओर देखने लगता है। मुसाहिब और मौलवी आदाब बजाकर चले जाते हैं।]

[पर्दा गिरता है।]

दृश्य : 4

[पर्दा उठने पर कबीर, झोंपड़े के बाहर, अपनी खड्डी पर बैठा है। खड्डी की लय के साथ-साथ एक पद गुनगुनाए जा रहा है :]

कबीर : झीनी झीनी बीनी चदरिया।
काहे का ताना काहे की भरनी
कौन तार से बीनी चदरिया।
इंगला-पिंगला ताना भरनी
सुषमिन तार से बीनी चदरिया।
सुर-नर-मुनि सब ने है ओढ़ी
ओढ़ के मैली कीनी चदरिया।
दास कबीर जतन तें ओढ़ी
ज्यों की त्यों धर दीनी चदरिया।

[रैदास, पीपा आदि का प्रवेश]

आओ रैदासजी, आओ भाइयो! खड्डी चलती है तो इसमें से अपनी सुरताल निकलती है। उस ताल पर गाते हुए ख़ूब आनन्द आता है।

रैदास : कल तुम किससे मिलने गए थे, कबीर?

कबीर : इधर एक महात्मा बैठते हैं, दच्छिन से आए हैं। *(सहसा चहक उठता है)* पहले तो मैं छिप-लुककर उनके प्रवचन सुनता रहा। वह मेरे दिल की बात कहते

हैं। मैं उनकी बातें सुनता हूँ तो लगता है, मेरे अन्दर की गाँठें खुल रही हैं। मेरे संशय दूर हो रहे हैं। वह प्रेम की बात कहते हैं, ऐसा प्रेम, जिसमें न व्रत-उपवास है, न पूजा-पाठ है, न ऊँच-नीच है। उसमें बस सबके लिए प्रेमभाव है और भगवान की भक्ति है। *(तनिक रुककर)* पहली बार जब मैंने उनका प्रवचन सुना तो रात-भर मैं सो नहीं पाया। तभी मुझे लगा, जैसे अँधेरे में प्रकाश की किरन फूटी है। मन में कहा, कबीरदास, तुम अनपढ़ हो तो क्या, तुमने बात तो समझ ली। जीवन का महामन्त्र तो पा लिया। मनुष्य से प्रेम करना ही भगवान की सच्ची आराधना है। तभी मेरे मुँह से निकला :

पोथी पढ़ि पढ़ि जग मुआ, पंडित भया न कोय,
अढ़ाई आखर प्रेम का, पढ़े सो पंडित होय।

लगता है, जैसे मुझे गुरु मिल गया है; रैदासजी, उसने मेरे दिल की थाह पा ली है।

[गाता है। धीरे-धीरे उसके साथ उसके साथी भी गाने लगते हैं :]

जब मैं भूला रे भाई
मेरे सतगुरु जुगत लखाई।
न हरि रीझैं जब तप कीन्हें, न काया के जारे
न हरि रीझैं धोती छाँड़ें, न पाँचों के मारे।
दया राखि धरम को पानै, जग सों रहै उदासी
अपना सा जिव सबको जानै, ताहि मिलैं अविनासी।

[सेना भागता हुआ आता है—'कबीरा! कबीरा!' पुकारता हुआ।]

कबीर : क्या बात है, सेना? इतने घबराए हुए क्यों हो?

सेना : सुनो कबीर, सुनो भाई रैदास, तुम्हें याद है वह अन्धा भिखारी, जिसकी कुटिया में तुम एक बार गए थे?

कबीर : हाँ तो, बड़ा मीठा कंठ है उसका। गाता है तो लगता है, आकाश से चाँदनी झर-झरकर उतर रही है...

सेना : उसकी लाश ला रहे हैं। *(तीनों चुप हो जाते हैं)* कोतवाली के सामने तुम्हारे कवित्त गा रहा था। कोतवाल ने उसे कोड़े लगवाए, चौथे कोड़े पर ही दम तोड़ गया।

[शीघ्र ही ढोल बजने की आवाज़ सुनाई देती है। भाला उठाए एक सिपाही आगे और एक पीछे, कहारों के कन्धों पर अन्धे भिखारी की लाश एक ओर से लाकर दूसरी ओर को ले जाई जाती है। ढोल बराबर बजता रहता है।]

कबीर : उसकी माँ भी अन्धी है। उस बेचारी पर क्या बीतेगी! उसकी माँ कहती थी, बेटा तेरे कवित्त गाता है तो भीड़ इकट्ठी कर लेता है। जब से तेरे कवित्त गाने लगा है, हमारे घर में चूल्हा जलने लगा है। अब मेरे कवित्तों के कारण अपना बेटा ही खो बैठी है। रैदासजी!

रैदास : कहो?

कबीर : रैदासजी, और भी तो लोग हैं जो हमारे कवित्त गाते फिरते हैं...*(अवसाद-भरी आवाज़ में)* वे कितने चाव से हमारे पास आते हैं! अन्धे भिखारी को मार डाला तो उनकी जान पर भी तो बन आएगी! पंडे-मौलवी और कोतवाल के आदमी उन्हें भी तो नहीं छोड़ेंगे!

सेना : मैं सोचता हूँ, उन लोगों को मना कर दें कि हमारे कवित्त गली-बाज़ार में नहीं गाएँ, ताकि उन पर कोई मुसीबत नहीं आए।

कबीर : *(सोच में डूबा रहता है)* नहीं रैदासजी, इसका यह उपाय नहीं है।...हम स्वयं, मिलकर, अपना समागम लगाएँगे। कोतवाल तो यही चाहता है कि हम चुप हो जाएँ, हमारी आवाज़ बन्द हो जाए। पंडे-मौलवी भी यही चाहते हैं। नहीं, रैदासजी, अब हम मिलकर अपने कवित्त गाएँगे, गली-बाज़ार में गाएँगे, समागम करेंगे, हम सत्संग लगाएँगे। *(गहरे विषाद में)* उसकी माँ पर क्या बीत रही होगी? दुखों की मारी माँ!

रैदास : तुम ठीक कहते हो, कबीरदास, हम सत्संग लगाएँगे।

सेना : पर लगाओगे कहाँ पर?

कबीर : कहीं पर भी। किसी सड़क के किनारे बैठ जाएँगे। इधर ही, यहीं, एक चबूतरा है, उसी पर बैठ जाएँगे। गलियों में घूम-घूमकर गाएँगे।

[अन्धे भिखारी की माँ दूर से रोती हुई आती है—एक छोटे-से लड़के के कन्धे पर हाथ रखे हुए।]

अन्धी माँ : कबिरवा! कबिरवा रे! मेरे नन्दू ने तो आँखें मूँद लीं। तू कहाँ है?

कबीर : यह रहा माँ, मैंने सुन लिया है।

अन्धी माँ : इतनी चिड़ी-सी तो उसकी जान थी। कोड़ों की मार सहने के लिए सकत कहाँ से लाता!

कबीर : घर में दाना है, माँ?

अन्धी माँ : है, है। वह कमाकर छोड़ गया है। ख़ुद तो नहीं खाता था, पर अन्धी माँ के लिए छोड़ गया है। *(सहसा व्याकुल होकर)* मैं भी तेरे कवित्त गाऊँगी नन्दू बेटा, मैं भी तेरे कवित्त गाऊँगी। मैं भी नन्दू की तरह गली-गली कवित्त गाऊँगी।

रैदास : और जो तुम्हें भी कोड़े पड़े माँ, तो?

अन्धी माँ : जो कोड़े नन्दू की पीठ पर पड़े थे, वह मेरी ही पीठ पर पड़े थे, बेटा। बच्चे पर पड़नेवाले कोड़े माँ की ही पीठ पर पड़ते हैं। पर मैं मरी नहीं, नन्दू मर गया। मैं सह लूँगी कबीरा। नन्दू का मरना सह लिया तो कोड़े न सहूँगी! मैं गली-गली गाती फिरूँगी। अब मैं गाऊँगी और वह सुनेगा। जहाँ पर भी है, सुनेगा। सुनेगा न, कबीरा?

कबीर : हाँ, माँ, सुनेगा।...तुम कहाँ जा रही हो, माँ? तुम हमारे यहाँ चली आओ।

अन्धी माँ : मैं अपने नन्दू के पास जाऊँगी, रे। जालिमों ने उसे कोड़े मार-मारकर मार डाला...

कबीर : हम तुम्हारे साथ चलेंगे।

सेना : तुम यहीं ठहरो कबीरदास, हम माई को पहुँचा आते हैं।

अन्धी माँ : मैं चली जाऊँगी रे...

[सेना, बशीरा अन्धी भिखारिन के साथ चले आते हैं।]

पीपा : सुनो कबीर भाई। इधर सत्संग करेंगे तो मुल्ला-पंडे हमें छोड़ेंगे नहीं। हाकिमों को भी बुरा लगेगा।

कबीर : तो?

पीपा : मैं सोचता हूँ, हम इन लोगों को अपने साथ क्यों बैठाएँ? हमारे कारण इन पर मुसीबत क्यों आए?

कबीर : तुम किसे रोकोगे? तुम्हारे साथ दुखीजन सभी आएँगे। जिस दिल को तुम्हारी बात लगेगी, वह आएगा। तुम रोक भी कैसे सकते हो? रैदासजी, हम-तुम तो कवित्त गढ़ लेते हैं, पर भावना तो उनके दिल में भी वैसी ही है।

रैदास : तो यही फ़ैसला हुआ, इधर सड़क किनारे समागम करेंगे।

कबीर : हाँ, प्रभातवेला में बैठा करेंगे। दिन चढ़ने पर अपने-अपने काम पर चले जाया करेंगे।

रैदास : इधर से बहुत लोग गंगा-स्नान को जाते हैं।

कबीर : यह और भी अच्छा है।

रैदास : ब्राह्मणों को पता चलेगा कि छोटी जातवाले लोग इधर बैठते हैं तो वे अपना रास्ता बदल लेंगे।

कबीर : कुछ तो होगा ही। आप भी अपने मित्रों-साथियों को बता दें। मैं भी बस्ती में ख़बर कर दूँगा।

पीपा : तुमने अच्छी तरह सोच-विचार लिया, कबीरदास? इसमें बहुत जोख़िम होगा।

कबीर : *(मुस्कुरा देता है)*

समझु देख मन मीत पियरवा
आसिक होकर रोना क्या रे।
कहे कबीर प्रेम का मारग
सिर देना तो रोना क्या रे।

[पर्दा गिरता है।]

दृश्य : 5

[प्रभात का झुटपुटा। पीछे काशी नगरी का फैलाव। तीन-चार आदमी खड़े बतिया रहे हैं। सेना नाई पहले से पहुँचा हुआ है।]

एक : हमारे गाँव में साधु-महात्मा पधारे। बहुत पहुँचे हुए हैं। हमने सोचा—चलो, साधु-महात्मा के पास अपना शंका-समाधान कर आवें। हम हाथ बाँधकर उनके सामने जा खड़े हुए। हमने कहा, 'महाराज, योग-साधना करनेवाले को घर-गिरस्ती छोड़ देना चाहिए?' मेरी ओर यों देखकर बोले, 'कौन जात?' हमने कहा, 'भगवन, मैं आपका सेवक हूँ।' वह फिर तेवर चढ़ाकर बोले, 'कौन जात?' हमने कहा, 'कम-जात, बदजात, नीच जात। हम चमार हैं मालिक।' इस पर साधु महाराज ने डंडा उठा लिया और हम वहाँ से चले आए।

[बशीरा का प्रवेश। उसने अपनी मशक उठा रखी है।]

आओ बशीरा, आओ! *(सेना से)* हमने बशीरे से कहा—आज सत्संग होगा। इसने भी आप लोगों के कवित्त सुन रखे हैं। बोला—चलो, हम भी चलेंगे।

बशीरा : यहीं जमाव होगा न? हमने सोचा, अभी छिड़काव में देर है। यहाँ से होकर ही सीधा काम पर चले जाएँगे।

सेना : तुम भी, बशीरा, काशी के रहनेवाले हो?

बशीरा : यह भली पूछी भैया! अब सुनाएँ तुम्हें, हम कहाँ के रहनेवाले हैं?

सेना : कहो, कहो।

बशीरा : कहाँ से शुरू करें? दादा से? परदादा से? जहाँ से कहो।

सेना : जहाँ से मन आए।

बशीरा : तो सुनो! हमारे परदादा पाँच भाई थे। पाँचों दिल्ली में रहते थे। मुहम्मद बिन तुग़लक की अमलदारी थी। अब बादशाह सलामत ने कूच का हुक्म दे दिया रियाया को, कि चलो सब दौलताबाद। तो ये पाँचों भाई भी दौलताबाद के लिए रवाना हो गए।

सेना : फिर?

बशीरा : दो तो रास्ते में ही ख़त्म हो गए। बाक़ी बचे तीन, वे दौलताबाद बख़ूबी पहुँच गए।

सेना : फिर?

बशीरा : कुछ साल बीते कि बादशाह ने फिर कूच का हुक्म दे दिया कि चलो वापिस दिल्ली।

सेना : तो?

बशीरा : तो दो रास्ते में लौटते हुए ख़त्म हो गए। बच रहा एक। वह हमारे परदादा थे। अब आगे सुनो।

एक : वह कौन था जिसकी फ़क़त एक टाँग दौलताबाद पहुँची थी? वह भी तो तुम्हारे रिश्ते का ही था?

बशीरा : वह हमारे परदादा का चच्चाज़ाद भाई था।

सेना : उसकी एक टाँग दौलताबाद कैसे पहुँची?

बशीरा : वह वहाँ जाना नहीं चाहता था भाईजान, शाह के सिपाही उसे घसीट-घसीटकर ले जा रहे थे। वह रास्ते में धीरे-धीरे ख़त्म होता गया। एक-एक पड़ाव पर जिस्म का एक-एक हिस्सा कम होता गया। जब काफ़िला दौलताबाद पहुँचा तो उसकी सिर्फ़ एक टाँग बच रही थी, वह दौलताबाद सही-सलामत पहुँच गई।

सेना : फिर?

बशीरा : जब तुग़लक बादशाह ने दौलताबाद पहुँचकर इनामात तकसीम किए तो एक सिपाही ने वह टाँग दिखाकर सौ दिनार इनाम के पाए और उसे सूबेदार बना दिया गया।

सेना : वाह!

बशीरा : अब हमारे परदादा के भी पाँच बेटे थे। पाँचों के पाँचों ख़ूब गरांडील जवान! सुना है, देखकर आँखें भरती थीं।

सेना : फिर?

बशीरा : उनकी क़िस्मत तब चमकी जब तिमूर लंग दिल्ली में तशरीफ़ लाए।

सेना : वह कैसे?

बशीरा : दिल्ली में तिमूर लंग नाज़िल हुए तो दो तो सीधे दिल्ली की फ़सील के बाहर मारे गए...

एक : *(हँसकर)* और दो फ़सील के अन्दर?

बशीरा : नहीं, नहीं, सुनो, सुनते जाओ।

एक : कहो।

बशीरा : दो फ़सील के बाहर मारे गए। अब तिमूर लंग बड़ा मज़हबी बादशाह था। अल्लाह का नाम लेकर तलवार उठाता था। अल्लाह का नाम लेकर ही उसने एक लाख बाशिन्दों को अगले जहान पहुँचा दिया।

सेना : फिर?

बशीरा : जब यह सवाब का काम पूरा कर चुका तो उसे ख़याल आया कि इस अज़ीम क़त्ल-ए-आम की याद में एक मस्जिद बनवानी चाहिए, ऐसी मस्जिद जिसका गुम्बद आसमान को छुए। और उसने फ़ैसला किया कि यह मस्जिद उसके वतन समरकन्द में बनेगी।

एक : वाह!

बशीरा : बड़ा फ़नकार था वह बादशाह। समरकन्द की मस्जिद का ख़ाक़ा उसने अपने हाथ से तैयार किया था।

सेना : फिर?

बशीरा : अब बादशाह सलामत ने फ़ैसला किया कि इस मस्जिद को बनाने के लिए दिल्ली से ही मेअमार और फ़नकार और मज़दूर ले जाना चाहिए।

सेना : ख़ूब!

बशीरा : मगर दिल्ली में तो कोई बचा नहीं था। एक लाख आदमी तो मौत के घाट उतारे जा चुके थे।

सेना : फिर?

बशीरा : पर मेरा दादा बच गया था। और उसके दो भाई भी बच गए थे।

एक : फिर?

बशीरा : पहले तो तिमूर के बहादुर सिपाही लूट-पाट करते रहे। दिल्ली की गलियों में घुस-घुसकर औरतें उठाते रहे थे।

एक : तो?

बशीरा : अब एक रात तिमूर के सिपाही हमारे दादा की गली में घुस आए। उधर वे मुहल्ले में घुसे कि इधर तीनों भाइयों की औरतें तहख़ानों में घुस गईं। वे

समझे बैठी थीं कि उन्हें उठाने आए हैं, दरअसल वे उनके ख़ाविन्दों को उठाने आए थे। तिमूर को मस्जिद बनाने के लिए मेअमार और मज़दूर जो दरकार थे।

सेना : वाह! फिर?

बशीरा : दो भाई तो यहाँ धर लिये गए और समरकन्द भेज दिए गए।

एक : बाक़ी बचा एक।

बशीरा : वह उस वक़्त घर पर नहीं था। वह अपने भाइयों की लाशें ठिकाने लगाने गया हुआ था।...वह हमारा बाप था।

एक : *(हँसकर)* फिर?

बशीरा : तिमूर बादशाह जिस शान से आया था, उससे दुगुनी शान से लौटा। आया था तो घोड़े ही घोड़े उसके साथ थे, लौटा तो हाथी ही हाथी उसके साथ थे। आया था तो जल्लाद ही जल्लाद उसके साथ थे, लौटा तो हसीन से हसीन औरतें उसके साथ थीं और मेअमार और फ़नकार उसके साथ थे। हमारे दो चच्चाजान भी उसके साथ थे। और मस्जिद का ख़ाक़ा अलग। तीन शायरों को भी साथ ले गया था।

सेना : फिर?

बशीरा : अब हमारे बाप के भी पाँच बेटे थे।

एक : तो?

बशीरा : तिमूर बादशाह के लौट जाने के बाद दिल्ली में कहत फूटा।

सेना : हाँ, तो?

बशीरा : दो तो भुखमरी में मरे। इसके बाद बीमारी फूटी तो दो उसमें गए। बाक़ी रह गए हम, अपने ख़ानदान के नूरे-चश्म!

सेना : वाह, ख़ूब!

बशीरा : तो मैं साहिब, दिल्ली का रहनेवाला हूँ। अब मेरे भी पाँच बेटे हैं।...

[रैदास का प्रवेश]

सेना : आ गए रैदासजी? हमें तो कहते थे, जल्दी पहुँच जाना, अब ख़ुद ही देर से आए हो!

रैदास : *(अपना बक्सा नीचे रखता है)* देर हो गई भैया।

सेना : इसे भी उठा लाए?

रैदास : इसे कहाँ रखेंगे, इसे भी साथ लेते आए।

एक : अब कहाँ ठिकाना होगा?

बशीरा : अब हमारे संग रहेंगे, और क्या! बनारस में दो सौ गलियाँ हैं और एक सौ घाट हैं। जगह की क्या कमी है!

[तीन-चार आदमी एक-साथ आ जाते हैं—फटेहाल, मैले कपड़े, कन्धों पर अपने-अपने व्यवसाय का थैला उठाए हुए।]

सेना : लो, और लोग भी आ गए!

रैदास : कहाँ बैठने का विचार है?

सेना : इधर सड़क-किनारे ही बैठ जाएँगे।

रैदास : एक बार मंडली जम जाए, भाई लोगों को पता चल जाए कि संगत बैठती है, फिर कोई चिन्ता नहीं।

[कबीर का प्रवेश]

कबीर : लो, इधर तो भक्तजन पहले से बैठे हैं। हम ही देर से पहुँचे।

[कबीर इकतारा उठाए हुए है।]

यहाँ डेरा जमाया है, अच्छा है। इधर नज़दीक ही हमें गुरु-दीक्षा मिली थी।

रैदास : कहाँ?

कबीर : इधर पास ही में, पंचगंगा घाट पर। इसी घाट की सीढ़ियों पर हमें गुरु-दीक्षा मिली। ऐसा ही प्रभात का समय रहा होगा।

सेना : क्या कह रहे हो? रात के वक़्त? घाट की सीढ़ियों पर? ऐसे भी कभी गुरु-दीक्षा मिली है?

कबीर : *(हँसकर)* हम बताते हैं; हमें किसी ने कहा कि गुरु महाराज पौ फटने से पहले, हर दिन, स्नान करने के लिए पंचगंगा घाट पर उतरते हैं। हमने कहा—बस, ठीक है। रात पड़ते ही हम वहाँ पहुँच गए। हम घाट की एक सीढ़ी पर पसर गए और चादर ओढ़ ली। वहाँ सीढ़ियाँ बड़ी सँकरी हैं। हमने सोचा, महाराज इधर से उतरेंगे तो हमें छुए बिना तो निकल नहीं सकते। उनका पाँव ज़रूर हमसे टकराएगा। उनके चरण हमें छू जाएँ, बस, हमारी गुरु-दीक्षा हो जाएगी।

रैदास : फिर?

कबीर : बस, वही हुआ। पास से गुज़रे तो उनका पाँव हम पर पड़ गया। वह स्वयं तो जानते भी नहीं कि कबीर नाम का कोई जुलाहा है जिसे उन्होंने दीक्षा दी है, हम तो उन्हें दूर से ही पहले भी निहारा करते थे और अब भी निहारा करेंगे। उनके चेहरे का नूर देखकर ही हमने कहा :

लाली मेरे लाल की जित देखूँ तित लाल
लाली देखन मैं गई, मैं भी हो गई लाल।

रैदास : कहो तो बैठ जाएँ, या थोड़ा और इन्तज़ार कर लें?

कबीर : नहीं, बैठो, बहुत अबेर हो गई है।

रैदास : भंगियों की बस्ती से भी कुछ लोग आनेवाले हैं।

[दो-तीन व्यक्ति और चले आते हैं। उनके साथ में नन्दू की अन्धी माँ भी है। एक आदमी ठिठककर पूछता है : क्या कबीरदास का जमाव यहीं होगा?]

रैदास : हाँ, यहीं, आओ, चले आओ।

कबीर : आओ, भैया, आओ। माँ, तुम आ गईं? बैठो।

अन्धी माँ : आ गई, कबीरा।

[एक भक्त झाड़ू लेकर ज़मीन बुहारने लगता है। दूर कहीं मन्दिर की घंटियाँ बजने लगती हैं। एक ओर पौ फटने का भास होता है। लोग जूते उतारकर बैठने लगते हैं। एक के हाथ में हुक्का भी है।]

एक भक्त : कबीरा, कैसे भजन करोगे? क्या इधर घंटी भी बजाओगे, जैसे मन्दिर में बजाते हैं?

सेना : यहाँ पर क्यों घंटी बजाएँगे? यहाँ किसी मूर्ति की पूजा तो नहीं होगी, चढ़ावा-चन्दन तो नहीं होगा।

भक्त : ठीक है, यहाँ पर क्यों घंटी बजाएँगे! पूछ लिया, बस, पता चल गया। जो बात पता नहीं हो, पूछ लेनी चाहिए। मुँह किस ओर करके बैठना होगा, कबीरदास? चढ़ते की ओर न? *(कबीर से)* कबिरवा, मैं पूछ रहा था, मुँह किस ओर करके बैठना होगा? चढ़ते की ओर न?

कबीर : जिस ओर तुम्हें भगवान नज़र आएँ।

भक्त : *(असमंजस में)* तुम्हें किस ओर नज़र आते हैं?

कबीर : मुझे तो चारों ओर नज़र आते हैं?

भक्त : यह भी तुमने खरी कही, पर चारों ओर मुँह करके कोई कैसे बैठ सकता है?

कबीर : जिस ओर तुम्हारा मन आए, तुम उसी ओर मुँह करके बैठो। भगवान उस ओर भी मौजूद होंगे।

भक्त : तू किस ओर मुँह करके बैठेगा?

कबीर : *(हँसकर)* मैं तो तुम्हारी ओर मुँह करके बैठूँगा।

भक्त : *(हँस पड़ता है)* तो अच्छी बात है, हम भी तेरी ओर मुँह करके बैठेंगे।

[एक नाई का प्रवेश]

बशीरा : तुम अपना कैंची-उस्तरा भी उठा लाए?

नाई : *(अपना थैला एक ओर को रखते हुए)* इधर पास ही में जो बैठता हूँ। *(बैठते हुए)* कल दच्छिन का कोई जजमान आया। मैं उसके सिर पर उस्तरा चला रहा था तब मुझे जम्हाई आ गई और मेरे मुँह से निकल गया, 'या अल्लाह!' वह तड़पकर उठ खड़ा हुआ, और भागता हुआ, मुझे गालियाँ देता हुआ, धोती समेट गंगाजी में कूद गया।

कबीर : चलो, रैदासजी, आप शुरू करो। कोई नया पद कहा है?

रैदास : गाता है :

जात भी ओछी, करम भी ओछा
ओछा कसब हमारा,
नीचे से प्रभु ऊँच कियो है,
कहे रैदास चमारा।

सेना : अब कबिरवा, तुम कुछ सुनाओ।

कबीर : गाता है :

मोको कहाँ ढूँढ़े बन्दे, मैं तो तेरे पास में।
ना मैं देवल, ना मैं मस्जिद, ना काबे कैलास में

ना तो कौनों क्रिया कर्म में, नहीं योग बैराग में।
खोजी होये तो तुरत मिलिहौ, पल भर की तालास में
कहे कबीर, सुनो भाई साधो, सब स्वाँसों की स्वाँस में।

[खरतालें, ढोलक, डफली बजने लगती हैं। भक्ति रस का समाँ बँधने लगता है। अनेक राह-जाते लोग रुक जाते हैं। बड़ा सुन्दर दृश्य है, मनमोहक। पौ फट रही है। तभी राज्य के दो सिपाही, एक ओर से आकर, धीरे-धीरे चलते हुए, दूसरी ओर को निकल जाते हैं। सभी भक्तजन आत्मविभोर होकर गाते हैं। पीछे की ओर शोर होने लगता है, जो धीरे-धीरे बढ़ता जाता है। पीछे से 'कबीरा! कबीरा!' की आवाज़। एक लड़का भागता हुआ अन्दर आता है।]

लड़का : कबीरा! किधर है कबीरा? कबीरा! आग लग गई है, तेरे झोंपड़े में आग लग गई है।

सेना : कहाँ आग लगी है?

[दो-तीन आदमी उठ खड़े होते हैं।]

लड़का : सारा झोंपड़ा जल गया है। आग बस्ती में भी फैल रही है।

कबीर : *(धीरे से इकतारा नीचे रखकर खड़ा हो जाता है)* माँ? बापू? वे तो सही-सलामत हैं?

लड़का : तेरे बापू को लपट लगी है, दोनों हाथ झुलस गए हैं। वह अन्दर से कपड़े-लत्ते निकाल रहा था।

[लोग उठ खड़े होते हैं। थोड़ी देर के लिए सभी घबरा जाते हैं।]

कबीर : आज नहीं होता, कल होता। एक दिन यह होना ही था। *(लड़के से)* माँ कहाँ हैं? बापू के हाथ जल गए?

लड़का : तुम्हारी दोनों खड्डियाँ जल गई हैं। उधर धुआँ-ही-धुआँ भर गया है।

सेना : झोंपड़ा जल गया कबीर, तो तुम मेरे यहाँ चले आओ।

कबीर : तेरा अपना ठिकाना नहीं है सेना, तू तीन जनों को कैसे रख पाएगा? बस्ती में बहुत लोग हैं। उनका बहुत सहारा है। मैं चलूँगा... *(साथियों से)* सत्संग लगाए रखेंगे, भैया। रैदासजी, लगाए रखेंगे। अब बैठना छोड़ दिया तो फिर हमें कोई नहीं बैठने देगा।

बशीरा : *(आगे बढ़कर)* कबीर भैया, हम हर तरह से तुम्हारे साथ हैं। पर हम यह भी नहीं चाहते कि तुम पर आँच आए। ये मज़हबी लोग और हाकिम हाथ धोकर तुम्हारे पीछे पड़े हैं। न जाने किसी दिन क्या कर बैठें!

[कबीर थोड़ी देर ठिठका खड़ा रहता है, फिर मुस्कुराकर बशीरा के कन्धे पर हाथ रखकर कवित्त बोलने लगता है :]

कबीर : हँसि-हँसि कन्त न पाइए, जिनि पाया तिन रोइ
जो हँसि-हँसि ही हरि मिलै, तो न दुहागिनि कोइ।

[कबीर और लड़के का प्रस्थान]

रैदास : भाइयो, कुछ देर के लिए सत्संग बनाए रखो। सत्संग हम नहीं तोड़ेंगे। कल भी यहीं पर मिल बैठेंगे। सत्संग बनाए रखो।

[सभी थोड़ी देर के लिए वहीं पर गाते रहते है :]

मोको कहाँ ढूँढ़े बन्दे, मैं तो तेरे पास में
ना मैं देवल, ना मैं मस्जिद, ना काबे कैलास में।

[नेपथ्य में काशी के मन्दिरों की घंटियाँ ज़ोरों से बजने लगती हैं। किसी मस्जिद में मुल्ला अज़ान दे रहा है।]

[पर्दा गिरता है।]

दूसरा अंक

दृश्य : 1

[पर्दा उठने पर पीपा, सेना, बशीरा सड़क के किनारे एक चबूतरे पर बैठे हैं।]

पीपा : एक ही रात में महन्त के आदमियों ने गोरखपंथियों के पाँच आदमी मरवा डाले।

बशीरा : क्यों?

पीपा : क्यों क्या! यही तो झगड़ा है। महन्त नहीं चाहते कि दोनों मठों के दरवाज़े साथ-साथ हों।

सेना : दोनों मठों के आसपास की गलियाँ एकदन सूनी पड़ी हैं। मैं उधर से ही आया हूँ। साधु बरछे उठाए, दीवारों के पीछे, डेवढ़ियों में, गलियों के मोड़ों पर खड़े हैं। किसी वक़्त कुछ भी हो सकता है।

बशीरा : कबीरा को ऐसे लोगों के साथ मुँह नहीं लगाना चाहिए।

पीपा : चुप भी तो नहीं रहा जाता। सेना, कबीर की जगह तुम होते तो तुम भी वही कुछ करते जो आज उसने किया है।

बशीरा : नहीं, कबीरा तो मुँहफट्ट बोल देता है, सेना ऐसा नहीं करता। *(हँसकर, सेना की नक़ल उतारते हुए)* सेना

होता तो कहता—साधु महाराज, आप मेरी पीठ पर कोड़े मार लीजिए, मार लीजिए, मगर इस मासूम को मत कुछ कहिए। क्यों सेना, ऐसा ही कहते न? *(हँसकर)* अब कबीर से ऐसे बोला नहीं जाता। वह तो जो जी में आता है, सीधा बोल देता है, एकदम लट्ठमार भाखा।

सेना : शोभा-यात्रा पर जितने साधु निकलते हैं, सभी भाँग, धतूरा पीकर निकलते हैं। ऐसे आदमियों के साथ उलझना नहीं चाहिए।

पीपा : कुरुक्षेत्र के महन्त का झगड़ा केवल गोरखपंथियों से ही नहीं। मठ के सामने डोमों की एक बस्ती पड़ती है। सुना है, महन्त उसे वहाँ से हटाना चाहते हैं।

सेना : और कल कबीर उसी बस्ती में घूमता रहा था।

बशीरा : क्या, सच?

सेना : हाँ, और क्या!

बशीरा : मुझे मालूम होता तो मैं भी जाता। क्या कबीर वहाँ अकेला गया था?

सेना : नहीं, रैदास उसके साथ था। मैंने सुना है, दोनों डोमों की बस्ती में देर तक बैठे गीत गाते रहे।

पीपा : तुम्हें कबीर की बड़ी चिन्ता है, पर कल तू अस्सी घाट पर उस साधु से क्या कह रहा था?

सेना : *(हँसकर)* मैं तो शास्त्रार्थ कर रहा था।

बशीरा : हो गया शंका-समाधान? कितने लट्ठ पड़े?

सेना : *(हँसकर)* उसने लट्ठ उठा लिया और बहुत से पंडे इकट्ठे कर लिये।

बशीरा : सब झगड़ा कबीर के कवित्तों का है। उसे कवित्त सूझ जाए तो लेने के देने पड़ जाते हैं।

[नेपथ्य में कबीर गाता हुआ आता है। अत्यन्त हृदयग्राही आवाज़ और धुन। कबीर का प्रवेश। खुला गला, खुला निर्भीक चेहरा, बड़ा हँसमुख आदमी है। सारा वक़्त हँसी-मज़ाक करता रहता है। कन्धे पर कपड़े का थान, हाथ में इकतारा उठाए हुए है।]

कबीर : *(हँसकर)* चौकड़ी पहले से जमी है।

पीपा : यह क्या उठा लाए?

कबीर : कपड़े का थान है, भैया, और क्या होगा! कल नहीं बिक पाया था, आज इसे बेचने निकले हैं।

बशीरा : पिछले एक महीने से तो यही थान तुम्हारे कन्धे पर देख रहा हूँ।

कबीर : *(हँसकर)* कभी थान बेचे हो तो जानो।

बशीरा : अरे, जो बेचने निकले हैं, वे कुछ नहीं जानते तो हम क्या जानेंगे!

पीपा : मैं थान का नहीं पूछ रहा था, वह हाथ में क्या उठा रखा है?

कबीर : *(उत्साह से)* यह? यही तो मैं तुम्हें दिखाने लाया हूँ। यह इकतारा है। *(कान से लगाकर, बजाकर दिखाते हुए)* इसे बजाते हुए गाओ तो बड़ा आनन्द आता है।

पीपा : *(हाथ में लेकर)* कहाँ से उठा लाए?

कबीर : अरे भैया, मैंने अपने हाथ से बनाया है, अच्छा है न? तुम्हें बना दूँ? बस, मिल-बैठकर, जमकर गाया करेंगे। हमारा भगवान भी एक, हमारे इकतारे में तार भी एक।

[कबीर इकतारा बजाकर उसी पद की दो-एक

पंक्तियाँ गाता है, जिसे गाता हुआ अन्दर आया था।]

पीपा : कल मैं तुम्हारे घर गया था, कबीरा। पर तुम्हारे अब्बा ने बाहर से ही चलता कर दिया। बोले, कोई नहीं है कबीर इधर। इधर मत आया करो। पर तुम्हारी मैया बाहर निकल आईं। बोलीं—बेटा, कबिरवा को कुछ समझाओ। उससे कहो, यह बकवाद छोड़े और बैठकर खड्डी चलाए।

कबीर : *(हँसकर)* मैं तुम्हारे घर जाता हूँ तो तुम्हारे बापू मुझे चलता कर देते हैं। *(दोनों हँसते हैं)* तुम घर पर गए, पर माँ ने तो नहीं बताया!

पीपा : तुम्हें क्या कहतीं? वे लोग तो तुम्हारा ब्याह करने पर तुले हुए हैं।

कबीर : तुम माई के सलाहकार कब से बने? सुनो पीपा, यह माई के चक्कर में नहीं पड़ना। तुम्हें वह यों फाँस लेगी, तुम्हें पता भी नहीं चलेगा, और तुम घर-घर, गली-गली मेरे लिए दुलहिन ढूँढ़ते फिरोगे। तुम माई को नहीं जानते।

[सहसा भावुक हो उठता है, और अपने ध्यान में खो जाता है।]

सेना : क्यों, क्या सोचने लगे?

कबीर : सोचता हूँ, करतार ने माई को कैसा बनाया है। न मैं उसका बेटा, न वह मेरी माई, फिर भी सारा वक़्त वह मुझे अपनी छाँव में लिये रहती है। *(मानो अपने आपसे बात कर रहा हो)*

जब कोई आँधी चलती है तो अपनी दुबली-सी काया

से मुझे अपनी ओट में लेती है कि आँधी-बवंडर के थपेड़े उस पर पड़ें, कबीरा बच जाए। *(हँसकर)* इतनी छोटी-सी तो है, यह मेरी माई, फिर भी समझती है, सभी मुसीबतों से मुझे बचा लेगी। माई के दिल में जैसे कोई बाती जलती रहती है—प्रेम की बाती। उसी की लौ में वह सारा वक़्त जीती है।

पीपा : कहाँ पहुँच गए, कबिरवा? क्या सोच रहे हो?

कबीर : सोच रहा हूँ, जिसके दिल में प्रेम है, उसके दिल में भगवान वास करते हैं। *(प्रेम का पद सुनाता है :)*

छोरो कुमति-विकार सुमति गहि लीजिए।
सतगुरु-शब्द सम्हारि चरन चित्त दीजिए॥
अन्तरपट दे खोल शब्द पर उर लाव री।
दिल विच दास कबीर मिलै तोहिं बावरी॥

[रैदास का प्रवेश। छोटी-सी सन्दूकची उठाए हुए है।]

आओ, भैया रैदास, यह क्या उठा लाए? क्यों, बड़े बुझे-बुझे नज़र आ रहे हो?

रैदास : *(चबूतरे पर सन्दूकची रखते हुए)* हमारी तो घर से छुट्टी हो गई।

पीपा : क्यों, क्या हुआ?

रैदास : बापू ने बाहर का रास्ता दिखा दिया।

कबीर : तुम जो ऐसे करतब करते फिरते हो तो यह तो होगा ही।

(सब हँस देते हैं) बापू ने क्या कहा?

रैदास : बोले, डोमों की बस्ती में कल क्या करने गए थे? हम दोनों कल वहाँ गीत गाते रहे, किसी ने बापू से शिकायत कर दी।

कबीर : चलो, अच्छा हुआ। अब और ज़्यादा घूमा करेंगे और इसी चबूतरे पर आकर सो जाया करेंगे। हम सिर के नीचे कपड़े का थान रख लिया करेंगे, तुम अपनी सन्दूकची रख लिया करना।

सेना : मैंने सुना है, कुरुक्षेत्र के महन्त कोतवाल से मिलने गए थे।

रैदास : किस काम से?

सेना : इसी डोमों की बस्ती को उखड़वाने के लिए। यह महन्त के नए मठ के सामने पड़ती है न। बहुत लोग बेघर होंगे।

कबीर : और बस्ती के डोम-चमार समझे बैठे हैं कि मठ बनेगा तो उन्हें रोज़गार मिलेगा।

पीपा : यह नया कोतवाल बड़ा ज़ालिम आदमी है।

बशीरा : कबिरा, तुम्हारी बस्ती के उस लौंडे का क्या हाल है, जिसे शोभा-यात्रा के दिन चाबुक पड़े थे?

कबीर : पड़ा तड़प रहा है खाट पर।

['हर हर शिव शम्भु! बम भोलेनाथ!' बोलते हुए और मुँह से डमरू की ध्वनि निकालते हुए एक साधु का प्रवेश। हाथ में लम्बा-सा त्रिशूल। यह वही साधु महात्मा हैं, जो उस दिन चाबुक चला रहे थे।]

यही रहे वह साधु महाराज। नाम लेने की देर थी कि प्रगट हो गए। *(साधु से)* आज किस शिकार पर निकले हैं, महाराज? उस मासूम की तो चमड़ी उधेड़ दी।

साधु : क्या बोल रहा है, बे? इतने कोड़े पड़े फिर भी तेरी अक्कल ठिकाने नहीं आई?

कबीर : *(साधु की ओर देखते हुए)*

हिन्दु की दया, मेहर तुरकन की
दोनों घट से भागी।

कहिए महाराज, पहुँच गए काशी? कै दिन की लूट-पाट रहेगी काशी में? हम नहीं आए होते तो आपने तो उस बच्चे को ठिकाने लगा दिया था। कहाँ से मिली इतनी बड़ी चाबुक महाराज? भगवान के नाम पर चाबुक चलाते हो?

माला फेरी, तिलक लगाया
लम्बी जटा बढ़ाता है
अन्तर तेरे कुफ़र कटारी
यों नहीं साहिब मिलता है।

साधु : *(तनिक रुककर)* वह कमीनज़ात लौंडा, चांडाल का बेटा, जानता नहीं था, महाराज की सवारी आ रही है?

कबीर : हम क्या जानें, कौन चांडाल, कौन ब्राह्मण!

साधु : तुम्हें नज़र नहीं आता? हम गौड़ ब्राह्मण हैं। ब्राह्मणों की 108 ज़ात में सबसे ऊँचे।

कबीर : क्या सच? *(हँसकर)* तब तो आपकी धमनियों में अमृत बहता होगा! बहता है न? माँ के पेट से निकले होंगे तो माथे पर तिलक लगाकर निकले होंगे!

सेना : चलिए, चलिए, साधु महाराज, छोड़िए, आप अपना काम देखिए।

[साधु जाने लगता है।]

कबीर : सुन ब्राह्मण :

एकै बूँद, एकै मलमूतर, एक चाम, एक गूदा।
एक जाति है सब उत्पन्ना, को ब्राह्मण, को सूदा।

साधु : *(जाते हुए)* बहुत बक-बक करता है। अभी बूड़ दूँ तो पता भी नहीं चले।

[प्रस्थान]

सेना : इन लोगों से उलझना ठीक नहीं, कबीरा।

कबीर : ठीक कहते हो भैया। मेरी माई भी यही कहती है। पर यह मेरे बस की बात नहीं है, मैं बोले बिना नहीं रह सकता।

पीपा : वह ज्ञानी महाराज कल तुमसे क्या कह रहे थे, कबीरा?

कबीर : कौन-से? दिन में तो बीसियों ज्ञानी मिलते हैं।

पीपा : अस्सी घाट के पास?

कबीर : *(याद करके हँसने लगता है)* कल भली भई, भैया! उन ज्ञानी महाराज से बहस चल पड़ी। मैंने उनसे कहा, महाराज—आप कोई ऐसा मार्ग बताइए जो सबके लिए हो, जिस पर गृहस्थ भी चल सके, साधु भी चल सके, हिन्दू भी, तुर्क भी। वह तपस्या की बात करने लगे। मैंने कहा—महाराज, तपस्या का अधिकार तो केवल ब्राह्मण और क्षत्रिय को है। इस पर वह ज्ञानमार्ग पर आ गए। कहने लगे—'वेद किताब पढ़े सो ज्ञानी!' मैंने छूटते ही कहा—महाराज, नीच जात का आदमी वेद कहाँ पढ़ सकता है! वह तो उसे हाथ भी नहीं लगा सकता। उसके तो छूने से ही वेद-पुराण भ्रष्ट हो जाते हैं।

सेना : फिर?

कबीर : इस पर वह बहुत बिगड़े। मैंने कहा—महाराज, वेद-पुराण पढ़ भी ले तो भी क्या मालूम, भगवान के दर्शन न हों! *(हँसकर)*

मैंने उन्हें नामदेव का क़िस्सा सुनाया। तुम जानते हो न? एक बार नामदेव काशी आए और एक बूढ़े पंडित से वेद पढ़ने लगे। कुछ दिन बाँचने के बाद उन्होंने पंडित से पूछा—'महाराज, आपको भगवान के दर्शन हुए हैं?' पंडित बोले, 'ज्ञान द्वारा ही भगवान के दर्शन सम्भव है।' इस पर नामदेव ने कहा—'महाराज, बुढ़ापे तक पहुँचते-पहुँचते तो आप अर्थों के अनर्थ निकालने लगे हो, आपको भगवान के दर्शन कब होंगे?' इस पर पंडित बहुत बिगड़े। मैंने कहा—'फिर यहाँ तो बीसियों धर्म ग्रन्थ हैं—हिन्दुओं के अलग, तुर्कों के अलग।' इस पर वह बोले—'जो पढ़ नहीं सकता, वह पूजा-पाठ करे।'

रैदास : फिर?

कबीर : इस पर मैंने तुम्हारा क़िस्सा सुनाया, रैदास का। एक मन्दिर का पुजारी रैदास का गीत सुन के भागा आया और इनसे कहने लगा कि तुम मन्दिर में आकर आरती किया करो। पर जब पुजारी को पता चला कि रैदास चमार है तो उसे डंडे मार-मारकर भगा दिया। मैंने कहा—'महाराज, पूजा-पाठ से तो ऐसे दर्शन होते हैं भगवान के।' *(सहसा गम्भीर होकर)* कोई ऐसा धर्माचार नहीं जो इनसान को इनसान के साथ जोड़े, सभी इनसान को इनसान से अलग करते हैं, एक को दूसरे के दुश्मन बनाते हैं। *(सहसा उत्साह से)* मैंने एक कवित्त कहा है, सुनोगे?

पीपा और सेना : हाँ, कहो, कहो।

कबीर : न हरि रीझें जप तप कीन्है, न काया के जारे।
न हरि रीझै धोती छाँड़े, न पाँचों के मारे॥
दया राखि, धरम को पालै, जग सो रहे उदासी।

अपना फ़ाज़िल सबको जानै, ताहि मिले अविनासी ॥

[दूर मस्जिद में अज़ान होने लगती है। कबीर चौंककर हँसते हुए :]

लो, पहुँच गए मुल्लाजी, ख़ुदा को जगाने।

सेना : बस, बस, कबीरा, कुछ मत कहो।

कबीर : *(ऊँची आवाज़ में)* थोड़ा और ऊँचा, मुल्लाजी, यह आवाज़ सातवें आसमान पर नहीं पहुँचेगी। *(हँसकर)*

सेना : बस, बस, कबीरा। कोई सुन लेगा तो ख़्वाहमख़्वाह झगड़ा करेगा।

कबीर : *(ऊँची आवाज़ में)* अल्लाह ताला भी कुछ ऊँचा सुनने लगे हैं क्या? वाह, वाह मुल्लाजी, ज़रा और ऊँचा।

काँकर पाथर जोर करि
मस्जिद लयी चुनाय
ता चढ़ मुल्ला बाँग दे
क्या बहरो भयो ख़ुदाय?

सेना : *(सहसा आगे आकर)* कोई आ रहा है, मैंने कहा न, कबिरवा।

[मौलवी का प्रवेश। सेना कबीर के आगे खड़ा हो जाता है।]

मौलवी : कौन काफ़िर इधर बक-बक कर रहा था?

कबीर : *(सामने आते हुए)* और कौन होगा, मौलवी साहिब?

मौलवी : कमज़ात जुलाहे, दीन की तौहीन करता है?

कबीर : ऊपर ख़ुदा और नीचे आप, मौलवी साहिब, मैं तो

मुल्ला से इतना-भर कह रहा था कि ज़रा ऊँची आवाज़ में अज़ान दे, आवाज़ सातवें आसमान तक तो पहुँचे। *(सामने आकर)* ख़ुदा सब सुनता है, मौलवी साहिब, उसे अज़ान देकर सुनाने की ज़रूरत नहीं।

चींटी के पग नेवर बाजे
सो भी साहिब सुनता है।

मौलवी : *(बौखलाकर)* तेरी ख़ैर नहीं। तेरे बाप नूरे की वजह से हम अब तक चुप हैं वरना अब तक तुम्हें ज़िन्दा गाड़ दिया होता। वही हाथ जोड़ता, गिड़गिड़ाता फिरता है और हमें रहम आ जाता है। मगर अब तुम बचकर नहीं जाओगे।

[प्रस्थान]

सेना : देखा? मैंने कहा था न?

कबीर : *(हँसकर)* यह तो होता ही रहता है।

सेना : हम लोग क्या कर सकते हैं, कबीर? मुट्ठी-भर ही तो हैं।

कबीर : सेना, अगर तुमने उस मासूम की पीठ देखी होती, जिसे चाबुक से छलनी कर डाला गया था, तो तुम्हें इन पाखंडियों से डर नहीं लगता। इनके कारण लोगों का जीवन नरक बन गया है। *(लापरवाही से)* तुम चिन्ता नहीं करो। ये बातें तो होती ही रहती हैं।
जाके मन विश्वास है, सदा गुरु है संग,
कोटि काल झकझोरहीं, तऊ न हो चित्त भंग।
आओ, कोई शब्द गाएँ!

[सभी मिलकर गाने लगते हैं :]

मोको कहाँ ढूँढ़े बन्दे, मैं तो तेरे पास में।
ना मैं देवल, ना मैं मस्जिद, ना काबे कैलास में।
ना तो कौनों क्रिया-कर्म में, नहीं योग बैराग में।
खोजी होय तो तुरतै मिलिहौ, पल भर की तालास में।
कहै कबीर सुनो भाई साधो, सब स्वाँसों की स्वाँस में।

[कबीर और उसके साथी गा रहे हैं जब धीरे-धीरे पर्दा गिरता है।]

दृश्य : 2

[जले हुए झोंपड़े को थोड़ा-बहुत मरम्मत करके रहने योग्य बना लिया गया है। पर्दा उठने पर कबीर की नव-विवाहिता पत्नी लोई और कबीर दाखिल होते हैं।]

कबीर : तुम्हें ब्याह कर भी लाया तो कहाँ, जले हुए झोंपड़े में। इधर बाहर ओसारे में मेरी खड्डी थी। बापू की खड्डी पिछवाड़े में थी। दोनों जल गईं। एक खपच्ची नहीं बची।...मगर अब तू इस घर में आ गई है, तो लगता है, कुछ भी नहीं जला है। झोंपड़े में उजियाला हो गया है।

[कबीर मुस्कुराता है। लोई उसकी ओर नज़र उठाकर देखती है, मगर बोलती कुछ नहीं।]

जब मैं तुझे लिवाने गया तो माँ बड़े हौंसले से कहने लगी—मुझे बाज़ार से थोड़ा अरसी का तेल लाकर दे, दुलहन घर आएगी तो मैं चौखटों-दरवाज़ों पर तेल लगाऊँगी। मैंने कहा—माँ, यहाँ दरवाज़े ही नहीं हैं, तू तेल कहाँ लगाएगी? और फिर लोई से क्या छिपा होगा? क्या वह जली हुई झोंपड़ी नहीं देखेगी?...कल बशीरा और कुछ और लोग आएँगे। झोंपड़े में नए थाम-थूनी लगा देंगे और फूस मिल गया तो छप्पर भी डाल देंगे।

[लोई फिर कबीर की ओर देखती है, पर बोलती नहीं।]

तू कुछ भी तो नहीं कहती। मैं बहुत बोलता हूँ। सभी कहते हैं—कबीर, तू बहुत बोलता है, बहुत बोला न कर।

लोई : जब तुम्हें गंगाजी में डुबोया था तो हमने देखा था।

कबीर : ओ, तू बोली तो! मैं समझे बैठा था, लोई गूँगी है। तूने देखा था? *(हँसकर)* पर मुझे तो तीन बार डुबोया था।

लोई : हम भीड़ में खड़े थे। हमने सोचा, तू बूड़ जाएगा।

कबीर : मुझे तेरे दर्शन जो करने थे। मैं कैसे डूब सकता था!

लोई : मेरे बापू कहते थे, एक दिन कबीर को मार डालेंगे।

कबीर : तेरे बापू बड़े मेहरबान हैं।

लोई : तू घर से भागा था न?

कबीर : तुम्हें यह भी मालूम है? हाँ, मैं घर से भाग गया था, मैं बनों में चला गया था।

लोई : अब फिर भाग जाएगा?

कबीर : नहीं, अब नहीं भागूँगा।

लोई : तेरे जैसों का क्या भरोसा! तूम माँ-बाप को छोड़कर भाग गया था तो हमें भी तो छोड़कर भाग सकता है!

कबीर : तब मैं बहुत बेचैन था। अँधेरे में भटक रहा था। *(सहसा खिल उठता है)* पर अब मैं जान गया हूँ कि घर में रहकर ही सच्ची भगती हो सकती है। जोग, जप, तप—सब। घर ही में सच्ची साधना हो सकती है।

[लोई हैरान-सी कबीर के चेहरे की ओर देखती रहती है।]

[नीमा का प्रवेश]

नीमा : अरे, इसे अभी से घेर लिया है? इसे भी साथ मिलाएगा?

लोई : हमें क्या मिलाएगा! हम कुछ जानें, न समझें। इसकी बात तो हमारे पल्ले ही नहीं पड़ती है।

नीमा : इसे घर में ही रोके रखना, तब तेरे जादू का परभाव देखूँगी।

लोई : क्यों, यह कोई ढोर-डंगर है जिसे बाँधकर रखना होगा? चंगा-भला मानुस है।

नीमा : मेरा मतलब है, इसकी देखभाल अब तू करना। अब यह मेरे बस का नहीं है।

लोई : हम इसकी देखभाल करेंगे तो हमारी देखभाल कौन करेगा? मरद देखभाल करता है कि लुगाई?

नीमा : *(हँसकर, कबीर से)* यह तुम्हें ख़ूब क़ाबू में रखेगी कबीरे, तू हमें ही चराता फिरता था। इसके आगे तेरी दाल नहीं गलेगी। तुम्हें अच्छा क़ाबू में रखेगी। *(लोई से)* दुलहिन, इसकी गिरस्ती बस गई, हमारी मनसा पूरी हुई।...पर हम तुम्हें लाए भी तो किस घर में?

लोई : क्यों, इस घर को क्या है?

नीमा : न दीवार, न आँगन, न खाट-खटोला।

लोई : झोंपड़ा जल जो गया था, इसमें क्या बचता! *(कबीर से)* तुम साधू हो क्या?

[नीमा का प्रस्थान]

कबीर : *(मुस्कुरा देता है)* क्या मैं तुम्हें साधू नज़र आता हूँ?

लोई : लगते तो जोलाहे ही हो, पर हम क्या जानें! साधू होते तो हमें बियाह कर क्यों लाते?

कबीर : मैं जुलाहा ही हूँ।

लोई : जोलाहा हो तो ऐसी बातें क्यों करते हो? क्या पोथी-पतरा बाँचते हो?

कबीर : नहीं तो।

लोई : क्या झाड़-फूँक करते हो? भूत-परेत भगाते हो? भभूत देते हो? टोना-टोटका उतारते हो?

कबीर : अरे, बाप रे! *(हँसता है)* नहीं तो।

लोई : तो फिर जोतसी हो क्या? जनम-पतरी बाँचते हो?

कबीर : यह भी नहीं।

लोई : फिर लोग-लुगाई क्या कहते हैं? हमने सुना है, तुम कहीं आसन लगाते हो!

कबीर : आसन नहीं लगाते, सत्संग करते हैं।

लोई : सत्संग क्या होता है?

कबीर : तुम्हें एक दिन ले चलूँगा। सवेरे-सवेरे हम लोगों की मंडली बैठती है।

लोई : हमारा वहाँ क्या काम? मरदों में भला हम क्यों जाएँ? वहाँ क्या करते हो?

कबीर : भगवान का नाम लेते हैं।

लोई : वही हम कहें, तो साधू-फ़कीर हो! अब समझी।

कबीर : हम साधू-फ़कीर नहीं हैं। साधू होते तो बियाह क्यों करते?

लोई : यही हम भी कहें, साधू तो बियाह नहीं करते *(सहसा चहककर)* अच्छा, अब समझी! तुम साधू बनना चाहते हो और तुम्हारे माँ-बाप तुम्हारा बियाह कर दिये। तेरी माई भी यही कह रही थी, यही न?

कबीर : धीरे-धीरे तेरी समझ में सब कुछ आ जाएगा।

लोई : धीरे-धीरे क्यों? हम सब जानते हैं।

कबीर : क्या जानती हो?

लोई : यही सब कि तुम घर से भागकर वन में गए थे। दो बार। क्यों, ठीक है या नहीं?

कबीर : गया था। तुम्हें कैसे मालूम है?

लोई : हमें नहीं मालूम था, मगर हमारे बापू ने हमें बताया। हमारा बापू तुम्हें बहुत चाहता है, हम सच्ची कहती हैं।

कबीर : तुम्हारे बापू भी कभी-कभी हमारे सत्संग में आते हैं।

लोई : तभी तो...तुम पहले हमें कभी देखे थे?

कबीर : *(मुस्कुरा देता है)* नहीं तो।

लोई : याद करो। सूरत आ जाएगी।

कबीर : मुझे तो याद नहीं आता।

लोई : याद आए तो भी तो क़बूलोगे थोड़े ही। साधू लोग बताते थोड़े ही हैं। अब सच्च-सच्च बताओ, देखा था?

कबीर : नहीं लोई, मुझे कुछ भी याद नहीं। हम कब तुमसे मिले थे?

लोई : तनिक भी याद नहीं आता?

कबीर : नहीं।

लोई : हम अपने हाथ में तुम्हें कटोरा-भर दूध पिलाए रहे, याद है?

[कबीर सोच में पड़ जाता है]

सच-सच बोलना, झूठ न बोलना।

कबीर : नहीं तो, मुझे कुछ याद नहीं।

लोई : जब पंडों ने तुम्हारे हाथ बाँधकर गंगा में फेंका था, याद है?

कबीर : हाँ, याद है। वह कैसे भूल सकता हूँ!

लोई : जिस दिन तुम्हें गंगाजी में डुबोया, हम वहाँ अपनी सहेलियों के साथ चोर-महीचनी खेल रही थीं। वहाँ बड़ी भीड़ थी। वे लोग नाव में तुम्हें डालकर नदी के बीचोबीच ले गए रहे। वे जब तुम्हें उठाकर फेंके तो हमारा करेजा धक्क से हुआ। हमारी सखियाँ तो डर के मारे भाग गईं, पर हमसे भागा ही नहीं जाए। हम

तो खड़ी ही नहीं हो पाई। सभी लोग कहते थे, कबीरा मर जाएगा, डूब जाएगा। जब तुम्हें फेंका तो नदी-किनारे से सभी लोग भाग गए। पंडे भी नाव खेकर किनारे आ गए। सभी दौड़ गए। पर हम वहीं बैठी रहीं। हमसे उठा ही नहीं जाए।

कबीर : फिर क्या हुआ?

लोई : साँझ होने तक हम वहीं बैठे रहे। फिर हमने देखा, तेरी देह नदी-किनारे आ लगी थी। तेरे हाथ अभी भी बँधे थे। वहाँ घुटने-घुटने पानी रहा होगा। हम देख के डर गईं। हम कहें, यह क्या है जो किनारे आ लगा है। तेरी पीठ-पीछे तेरे हाथ अभी भी बँधे थे। हमने समझा, तेरी लहास किनारे आ लगी है।

कबीर : *(मुस्कुराकर)* फिर?

लोई : फिर क्या? हम भागकर अपने घर गईं और बापू से कहा। और बापू बस्ती के बहुत-से लोगों को लेकर आए और तुम्हें नदी में से निकाला। तुम मरे नहीं थे।

कबीर : अच्छा?

लोई : अच्छा क्या! मर गए होते तो इस बेला यहाँ खड़े होते? तुम्हें उठाकर बस्ती में ले आए। तुम्हें औंधा लिटाया, तेरे पेट में से पानी निकाला। रात-भर तू हमारे झोंपड़े में पड़ा रहा। आधी रात को बापू ने हमें जगाया। बोले—लोई, कटोरा भर गरम-गरम दूध ले आओ। तब हम तेरे पास दूध लेकर आई थीं। और तू कहता है, हमें कभी देखा ही नहीं!

कबीर : *(अथाह प्रेम से मुस्कुराता है)* तेरे हाथ से दूध पिया, तभी मैं बच गया।

लोई : क्यों, बच गए थे तभी तो दूध पिया! मर गए होते तो दूध कैसे पीते?

कबीर : तू चाहती तो यही थी न कि मैं नहीं मरूँ?

लोई : हम कैसे चाहते थे? हम तो तुम्हें जानते भी नहीं थे। बापू ने कहा, दूध लाओ तो हम क्या बोलतीं, हम न ले जाएँगी?

कबीर : अब तो जान गई हो न!

लोई : नहीं तो...जानते होते तो तुमसे पूछते क्यों?

कबीर : कुछ तो जानती हो न!

लोई : हम तो उतना ही जानती हैं जो बापू घर में बताए रहे।

कबीर : बापू क्या बताए रहे?

लोई : बापू बताए रहे कि तुम पर कोड़े पड़ते हैं। तुम गली-बज़ार में कवित्त गाते फिरते हो।

कबीर : बस, इतना ही?

लोई : बापू सारे बखत तुम्हारी बात करते हैं। कहते हैं, बड़ा गुर्देवाला आदमी है। उन्हें तुम पर दया भी आती है।

कबीर : *(हँसकर)* और तुम्हें नहीं आती?

लोई : हमें क्यों आए? हम तुम्हें जानते थोड़े ही थे! हमारी समझ में तो यह भी नहीं आया कि जोलाहा हो तो घर से क्यों भागते फिरते हो, और कवित्त क्यों गाते फिरते हो! और लोगों से झगड़ते क्यों फिरते हो!

कबीर : हम कहाँ झगड़ा करते हैं?

लोई : क्यों? तुम झगड़ा-वगड़ा नहीं करते तो तुम्हें पीटते क्यों हैं? हमें कोई गाली दे, तभी न हम उसे पीटते हैं। राह-जाते को कोई थोड़े ही पीटता है।...तुम पगलाए हो क्या?

[कबीर हँस देता है]

गली-बज़ार में लोग यह भी कहते हैं कि कबीर जोलाहा पगला गया है।

कबीर : मैं तुम्हें पागल नज़र आता हूँ?

लोई : *(कबीर की ओर देखकर)* हम क्या जानें! लोग-लुगाई यों ही थोड़े कहते फिरते हैं। पूरे पागल नहीं तो आधे पागल होगे। आधे पागल भी तो होते हैं।

[बादल गरजने लगते हैं।]

कबीर : मेहरा बरसेगा। बाहर सूत रखा है, भीग जाएगा। मैं सूत उठा लाऊँ।

लोई : *(ऊपर की ओर देखकर)* यहाँ भी तो छत टूटी है। पानी यहाँ भी गिरेगा।

[कबीर बाहर जाता है]

हम आएँ?

कबीर : नहीं, मैं अभी लाता हूँ।

लोई : *(छत की ओर देखती है। सिर झटक देती है। बादल फिर गरजते हैं)* न घर, न दुवार, बापू ने हमें कहाँ लाकर झोंक दिया? एक पगलेट साधू के पास! अँधरा गए थे—न घर देखा न वर।

[कबीर सूत की टोकरी उठाकर लाता है।]

कबीर : जब से झोंपड़िया जली है, हम सब काम बाहरे अँगना में करते हैं।

लोई : यहाँ अन्दर कौन-सा है और बाहर कौन-सा, हमें तो कुछ सूझता नहीं।

कबीर : यहाँ दीवार के साथ रखेंगे। यहाँ बौछार से आड़ रहेगा। *(छत की ओर देखकर)* इधर छाज रख देते हैं, पानी कम गिरेगा। दो-तीन दिन में इधर छप्पर डाल देंगे। बशीरा कहता था, जल्दी ही डाल देंगे।

लोई : तेरा घर-दुवार नहीं था तो तैने विवाह क्यों किया? पहले छप्पर छवाता, बाद में हमें लाता।

कबीर : कहती तो ठीक हो। *(कुछ सोचकर)* तुम्हें यहाँ आना अखर रहा है?

लोई : अखरेगा नहीं तो अच्छा लगेगा? सभी लोग घर-कुटिया में रहते हैं, जहाँ छाँह होती है। हमारे झोंपड़े में तो पानी नहीं गिरता।

कबीर : यहाँ भी नहीं गिरता था, मगर झोंपड़ा जल जो गया। अब मरम्मत हो जाएगी तो ठीक हो जाएगा। *(कुछ सोचकर)* लोई!

लोई : क्या है?

कबीर : तेरे बाप ने ज़बरदस्ती तेरी शादी की है? तू मेरे साथ रहना नहीं चाहती थी?

लोई : यह भी कोई पूछनेवाली बात है?

कबीर : क्यों?

लोई : बापू ने हमसे पूछा थोड़े ही था।

कबीर : और अगर हम पूछें तो?

[लोई चुप रहती है।]

क्यों चुप क्यों हो गई? अगर हम पूछें तो?

लोई : पूछ भी रहा है तो शादी के बाद। अब क्या तुक है? फिर भी बता दूँ? सुनेगा?

कबीर : बता दे।

लोई : हमारे पिछवाड़े एक साहूकार का छैल-छबीला बेटा रहता था। वह हमें ब्याहना चाहता था। उससे हमारा परेम था।

कबीर : फिर?

लोई : बापू हमसे पूछता तो हम तो सच्ची कहतीं, हम उससे ब्याह करेंगे। उससे हमारा परेम है। उसे पता चला

कि तुमसे हमारा ब्याह होने जा रहा है तो उसने कहा, भागकर हमारे यहाँ चली आओ। और क्या मालूम, हम चले भी जाते।

कबीर : तू उससे ब्याह करना चाहती थी?

लोई : और नहीं तो क्या! उसे हम जानती थीं, वह हमें जानता था। तुम्हें तो हम जानती भी नहीं थीं।

कबीर : *(सोच में पड़ जाता है)* यह तो बड़ा अनरथ हुआ।

लोई : अनरथ तो हुआ ही, पर इसका दोस हम तुम्हें थोड़े ही दे रही हैं। बापू ने ब्याह कर दिया तो हम यहाँ चली आईं।

कबीर : अब तक तो दोस मेरा नहीं था, पर अब तुम्हें घर पर रखा तब तो दोस मेरा ही होगा।

लोई : *(कबीर की ओर देखती है)* फिर तू क्या करेगा?

कबीर : उसके साथ तू ख़ुश रहेगी तो तू ज़रूर उसी के पास चली जा। तूने पहले कहा होता तो तुम्हें मैं यहाँ लाता ही नहीं।

लोई : अब अकेली उसके घर चली जाऊँ? रात के बख़त? बारिश में?

कबीर : भागकर जाती तो भी तो अकेली ही जाती न! पर नहीं, तू अकेली मत जा, मैं तुम्हें पठाने ले चलता हूँ।

लोई : कहाँ पठाने ले जाएगा?

कबीर : उस साहूकार के बेटे के पास छोड़ आऊँगा। उसने कहा भी तो था कि भागकर मेरे पास चली आना।

लोई : *(हैरानी से)* तू हमें पठाने ले जाएगा?

कबीर : जो कहेगी, वही करूँगा। अपने आप जाना चाहती है तो अपने आप चली जा। चाहती है, मैं लिवा ले जाऊँ तो मैं ले चलूँगा।

लोई : सच्च, तू मुझे वहाँ छोड़ आएगा?

कबीर : हाँ, हाँ। तू चिन्ता नहीं कर। मैं ही तुझे ले चलूँगा।

[लोई चकित-सी कबीर की ओर देखती रहती है।]

उठा ले कपड़ा-लत्ता, यह रही तेरी गठरी-मोटरी।

लोई : और पानी जो बरसने लगा है!

कबीर : *(लोई की चीज़ें समेटने लगता है)* मगर तेरे कपड़े-लत्ते तो मैं कल भी पहुँचा सकता हूँ। इधर, यह पिटारी उठा ले, इसमें तेरे गहने हैं।

लोई : अरे, अब ये मेरे कहाँ हुए? गहने तो ससुराल के होते हैं।

कबीर : तेरे ब्याह के हैं। जहाँ रहेगी, वहाँ पहनना। *(आसमान की ओर देखकर)* अभी बूँदाबाँदी बहुत नहीं हो रही है, चल, निकल चल।

लोई : अपनी माई से क्या कहेगा?

कबीर : माई को मैं समझा दूँगा।

लोई : सच, तू मुझे लिवा ले जाएगा?

कबीर : देख तो रही है। बारिश में अकेली तुम्हें कैसे जाने दूँ?

लोई : *(घूमकर कबीर को देखती है)* नहीं, हम अपने आप चली जाएँगी। तू यहीं ठहर।

कबीर : अगर तू नहीं चाहती कि मैं तेरे साथ जाऊँ तो तू ज़रूर अकेली निकल जा। मैं तेरे पीछे-पीछे आऊँगा। जब तू उसके घर पहुँच जाएगी तो मैं लौट आऊँगा।

लोई : अच्छा, तो हम जा रही हैं, तू इधर ही ठहर। *(मुड़कर)* हमारे बापू को सब बता देना और बोल देना, हमारे कहने से गई है।

कबीर : बता दूँगा।

लोई : और तुमसे एक बात कहूँ?

कबीर : क्या?

लोई : लोगों से झगड़ा नहीं करना। तुम्हें कोई कोड़े लगाए तो हमें अच्छा नहीं लगता। हम कभी-कभी तुम्हें देखने आया करेंगी। *(ऊपर की ओर देखकर)* ओसारे की मरम्मत करवा लेना।

कबीर : *(हँसकर)* करवा लूँगा। बादल घिर रहे हैं। जल्दी से निकल जा।

लोई : तू मेरे साथ नहीं जा, मैं अकेली जाऊँगी।

कबीर : क्यों?

लोई : साहूकार का बेटा तुम्हें मेरे साथ देखेगा तो क्या सोचगा?

कबीर : अच्छी बात है, तू चली जा।

[लोई निकल जाती है। कबीर, ओसारे के खम्भे पर हाथ रखे बाहर अँधेरे में देख रहा है। कुछ क्षण बीत जाते हैं। फिर अन्दर आकर ओसारे का सामान एक ओर को लगाता है। तभी सहसा लोई लौट आती है]

कबीर : अरे, तू लौट आई! क्या कुछ बिसर गई थी?

लोई : हम कहीं नहीं जाएँगी।

कबीर : मगर लोई, तुझे तो उससे परेम है।

लोई : हम यहाँ तेरे संग रहेंगी।

कबीर : वहाँ खड़ी-खड़ी भीग रही है।

लोई : हाथ पकड़ के अन्दर लिवा ले।

[हाथ बढ़ा देता है। लोई उसका हाथ पकड़कर अन्दर आ जाती है।]

कबीर : लौट क्यों आई?

लोई : बस, लौट आई। तेरे घर नहीं आती तो नहीं आती। अब आ गई तो तुम्हें कैसे छोड़ जाऊँ?...यह ज़िन्दगानी तो तेरे साथ ही काटूँगी, आगे देखा जाएगा।

कबीर : मेरे पास तुम्हें देने को कुछ भी नहीं है लोई...।

लोई : अरे, मैं तुझसे कुछ माँगती हूँ। और...।

कबीर : और क्या?

लोई : अब तो मैं अपने आप तेरे घर आई हूँ। पहले तो बापू ने ब्याह कर भेजा था, अब तो अपने आप आई हूँ। और तू हाथ पकड़कर मुझे अन्दर लाया है।

कबीर : *(गहरे भावावेश में)* मुझे तो लगता है, मैंने तुम्हारे साथ ज़बरदस्ती की है।

लोई : की थी तो की थी, अब काहे की ज़बरदस्ती! अब तो हम अपनी मर्ज़ी से आई हैं। फिर हमने रास्ते में सोचा...।

कबीर : क्या सोचा, लोई?

लोई : हमने सोचा कि लोग तुझे बुरा-भला कहेंगे, तेरी जगहँसाई होगी और मैं वहाँ बैठी चुपचाप सुना करूँगी? तुझे लोग बाँधकर गंगा में फेंकेंगे और मैं साहूकार के चबूतरे पर खड़ी देखा करूँगी?

कबीर : तेरा मन इतनी जल्दी बदल कैसे गया, लोई? छिन में कुछ था, छिन में कुछ हो गया।

लोई : मन पलट गया। हमें लगा, हम तेरे ही संग रहेंगी, तू ज़ोर- ज़बरदस्ती नहीं करता। तू खरा आदमी है। तुझे देखा नहीं होता तो और बात थी। *(स्नेह से कबीर की ओर देखती है)*

कबीर : ज़रा आँखें तो मूँद ले।

लोई : क्यों?

कबीर : तुझे कुछ दिखाऊँगा।

लोई : आँखें खोले-खोले ही दिखा दे। मुझे साधुओं से डर लगता है।

कबीर : तू आँखें मूँद तो ले।

लोई : नहीं, क्या मालूम, तू भाग-परा जाए।

कबीर : मैं क्यों भागूँगा? अच्छा, आँखें मूँद। जब मैं कहूँ तो खोल दियो।

लोई : नहीं, हम आँखें नहीं मूँदेंगी।

कबीर : अच्छा, आँखें नहीं मूँदती तो मुँह फेरकर खड़ी हो जा।

[लोई पीठ फेरकर खड़ी हो जाती है। कबीर चुपके से पीछे की ओर जाकर एक सन्दूक में से लाल रंग की चुनरी निकाल लाता है और लोई के कन्धों पर डाल देता है।]

लोई : हाय, यह क्या है?

कबीर : चुनरी है, यह मैंने तेरे लिए बनाई है।

लोई : *(उतारकर देखती है)* सच्च, तूने बनाई है? *(उसे फिर ओढ़ लेती है)* अरे, अपने हाथ से बनाई है?

कबीर : तुझे बड़ी फबती है। हम इसे खड्डी पर बनाते थे और साथ में मैंने कितने ही कवित्त भी बनाए।

[लोई चुनरी को कभी ओढ़कर तो कभी उतारकर स्नेह से देखती है। कबीर उसे बाँहों में भर लेता है। बारिश तेज़ होने लगती है। छत बुरी तरह से टपकने लगती है।]

भीजै चुनरिया प्रेम रस बूँदन
आरती साज के चली है सुहागिन
प्रिय अपने को ढूँढ़न।

[पर्दा गिरता है।]

दृश्य : 3

[कायस्थ नीम-दरबारी कपड़े पहने हुए है। शे'र-ओ-शायरी का शौक़ रखनेवाला। इसे हम अंक : 1 दृश्य : 2 में देख चुके हैं।]

कायस्थ : तुम अपनी प्रतिभा को पहचानो कबीरदास! तुम कवि हो, गायक हो, भगवान ने तुम्हें विलक्षण प्रतिभा दी है।

कबीर : फिर? क्या हुक्म है? मैं क्या करूँ?

कायस्थ : प्रतिभा गलियों में फेंकनेवाली चीज़ नहीं है। यह तो एक अनमोल हीरा है जिसकी तुम्हें रक्षा करनी चाहिए।

कबीर : जी!

कायस्थ : तुम्हारा काम कविता करना है, केवल कविता करना है।

कबीर : जी! *(मुस्कुराता है)*

कायस्थ : मैं तो कहूँगा कि सबसे पहले तो तुम्हें कविता के लक्षण सीखना चाहिए। तुम्हारी भाषा बड़ी रुखड़ी-रुखड़ी भदेस भाषा है—कहीं राजस्थानी के शब्द घुसेड़ देते हो तो कहीं पंजाबी के। तुम्हें अभी छन्दों का भी सही ज्ञान नहीं है।

कबीर : जी, आप ठीक क़हते हैं।

कायस्थ : तुम कहते फिरते हो :
मसि काग़ज़ छूयो नहीं
कलम गही नहीं हाथ
यह कोई शेख़ी बघारनेवाली बात नहीं है। तुम कविता कहते हो तो कविता के लक्षण भी तो जानना चाहिए। छन्द और लय का ज्ञान नहीं होगा तो तुम कविता क्या करोगे?

कबीर : मैं कवि नहीं हूँ, साहिब, मैं तो जो मन में उठता है, बोल देता हूँ।

कायस्थ : इसीलिए मैं कहता हूँ, तुम अपनी प्रतिभा को पहचानो। तुम कवि बन सकते हो। मेहनत करोगे तो किसी दिन अच्छा लिखने लगोगे। लेकिन इन पचड़ों में पड़े रहोगे तो सारी प्रतिभा खो बैठोगे।

कबीर : कौन-से पचड़े, साहिब?

कायस्थ : यही खंडन-मंडन। यह कवि का काम नहीं है। कवि की साधना तो सरस्वती देवी के चरणों में होती है, गलियों-बाज़ारों में नहीं होती। कवि के कानों में तो स्वर्ग की अप्सराओं के घुँघरू बजते हैं।

कबीर : वाह! *(मुस्कुराता है)*

कायस्थ : मैं कवि तो नहीं हूँ पर एक कवि का दिल मैंने भी पाया है। इसीलिए तुम्हारी क़द्र करता हूँ। यह दुनिया के झमेले नहीं होते तो मैं भी कविता करता। बचपन में कुछ लिखा भी है, ऐसी बात नहीं कि कुछ लिखा न हो। अब भी सोचता हूँ कि ये झंझटें ख़त्म हो जाएँ, बच्चे-वाले ठिकाने लग जाएँ, ज़मीन-जायदाद के मामले तय हो जाएँ तो इत्मीनान से बैठकर साहित्य-साधना करूँ।

कबीर : जी!

कायस्थ : इसीलिए मैं कहता हूँ, तुम्हें सच्ची साधना करनी चाहिए। तुम्हारी कविता में कहीं-कहीं पर भाव अच्छे हैं, लेकिन भाषा गँवारू है। छन्द का निपट दोष है। एक जगह तुमने कहा है :

वेद कितेब पढ़े वे कुतबा, वे मौलाना, वे पांडे।

इसमें रुकना पड़ता है। मौलाना की जगह कोई दूसरा शब्द होना चाहिए था। इसी तरह 'बेगरि-बेगरि नाम धरायो'—यह बेगरि क्या होता है? मैंने तो ऐसा शब्द कभी नहीं सुना। बोलचाल की भाषा, याद रखो, कविता की भाषा नहीं होती। कविता की भाषा अलग होती है। तुम कहते फिरते हो :

संस्कृत अन्धा कूप है,
भाषा बहता नीर है!

बिलकुल ग़लत। भाषा निर्मल जल की भाँति शुद्ध और स्वच्छ होनी चाहिए। गँवारू भाषा में भी कभी कोई कविता कह सकता है?

कबीर : जी! *(मुस्कुराता है)*

कायस्थ : यह तभी हो सकेगा जब तुम खंडन-मंडन छोड़ोगे। खंडन-मंडन कवि का काम नहीं है। उस दिन मस्जिद की सीढ़ियों पर खड़े अनाप-शनाप बोलते रहे, यह बहुत बड़ी भूल थी। यह काम कवि का नहीं है। इसीलिए मैं कहता हूँ, तुम अपनी प्रतिभा को पहचानो।

कबीर : *(मुस्कुराते हुए)* जी, और क्या हुक्म है?

कायस्थ : तुम्हें चाहिए, अच्छे-अच्छे लोगों के साथ अपना मेल-मिलाप बढ़ाओ, बड़े-बड़े उमरा-वुज़रा के साथ। अच्छे-अच्छे कविता के पारखियों से मिलो। महाराज के दरबार में अच्छे पद कहने वाले लोग हैं। जब महाराज का हाथ तुम्हारी पीठ पर होगा, तो अपने

आप तुम्हारी प्रतिभा खिलेगी, तुम्हारा मान होगा। एक दिन तुम राजकवि भी बन सकते हो।

कबीर : जी!

कायस्थ : मेल-मिलाप से ही काम निकलते हैं। मैं तुम्हारे साथ हूँ, कबीरदास, कहीं किसी से कुछ कहना-कहलवाना हो तो मुझे बताओ। शहर में मेरा अच्छा रख-रखाव है। कोतवाल साहब से मेरी ख़ूब बनती है। वह बड़े दानिशमन्द हैं। फ़लसफ़े में भी उनकी गहरी पैठ है, गहरी दिलचस्पी है।

कबीर : जी!

कायस्थ : कभी मौका मिला तो कोतवाल साहिब से तुम्हारा ज़िक्र करूँगा। बड़े लोगों की नज़र चाहिए। उनकी कृपा का हाथ तुम्हारी पीठ पर हो तो क्या मालूम, तुम्हारे घर के सामने भी एक दिन हाथी झूलने लगें!

कबीर : वाह!

कायस्थ : एक बार प्रतिष्ठा मिल जाए तो सभी दरवाज़े खुल जाते हैं। इस वक़्त तो तुम्हारी बात किसी की समझ में भी नहीं आती। तुम हिन्दुओं को भी गालियाँ देते फिरते हो, तुर्कों को भी।

कबीर : मैं तो किसी को गाली नहीं देता, साहिब!

कायस्थ : तुमने दोनों को नाराज़ कर रखा है। इससे बड़ी नादानी की बात क्या होगी? समझदारी से काम लेते, एक वक़्त में एक का विरोध करते, तो कम-से-कम दूसरा तो तुम्हारे साथ होता। मस्जिदवालों का विरोध करते तो मन्दिरवाले तुम्हारे साथ होते। तुमने तो दोनों को एक साथ दुश्मन बना लिया है।

कबीर : मैं तो किसी को अपना दुश्मन नहीं समझता।

कायस्थ : एक वक़्त में एक का समर्थन करो, दूसरे का विरोध, इस तरह दोनों से तुम्हें लाभ पहुँच सकता है।

[कबीर हँस देता है]

हवा का रुख़ देखते रहना चाहिए। आँधी-तूफ़ान में वही पेड़ बचे रहते हैं जो आँधी के आगे झुक जाते हैं। जो पेड़ नहीं झुकते, वे जड़ से उखड़ जाते हैं।

कबीर : साहिब, हम लोग तो पागल ठहरे। हमें हमारे हाल पर ही छोड़ दें। हम तो अनाप-शनाप बोलते रहते हैं। मैं नहीं चाहता कि आपके उजले कपड़ों पर छींटे पड़ें।

कायस्थ : नहीं-नहीं, ऐसी कोई बात नहीं। मैं तुम्हारा भला चाहता हूँ। इसीलिए कहता हूँ कि अपनी प्रतिभा को पहचानो। और फिर...तुम्हारे तर्क कभी-कभी मेरी समझ में नहीं आते।

कबीर : कौन-से तर्क?

कायस्थ : अब तुम प्रेम की बात करते हो। यदि प्रेम और भक्ति ही तुम्हारा उपदेश है, तो जहाँ जो बैठा है, उसे बैठा रहने दो। पहले कोई अपना धर्म छोड़े, तभी वह सच्ची भक्ति कर सकता है, इसमें तो मुझे कोई तुक नज़र नहीं आती।

कबीर : आपको नज़र आएगी भी नहीं, हुज़ूर।

कायस्थ : तुर्क तुर्क रहे, ब्राह्मण ब्राह्मण रहे, और जुलाहा जुलाहा। और तीनों भगवान की भक्ति करें, यह बिलकुल मुमकिन है।

कबीर : तीनों भगवान के सच्चे भक्त, और तीनों एक-दूसरे के दुश्मन। तीनों एक जगह बैठकर भगवान की भक्ति नहीं कर सकते।

कायस्थ : वे बेशक अलग से करें। ब्राह्मण साकार की पूजा मन्दिर में करे, तुर्क मक्का और नमाज़ करे, निर्गुणियाँ निर्गुण की उपासना करे, प्रेम-मार्ग तो तीनों अपना सकते हैं।

कबीर : *(हँसकर)* ब्राह्मण कबीर की छाया से भी दूर भागे, मुल्ला ब्राह्मण को काफ़िर कहे, पर तीनों भक्त, तीनों भगवान के प्रेमी! वाह!

कायस्थ : कैसी बहकी-बहकी बातें करते हो कबीरदास! जो भगवान से प्रेम करेगा, वह इनसान से भी प्रेम करेगा।

कबीर : ब्राह्मण ब्राह्मण को ही इनसान समझेगा, और तुर्क तुर्क को ही इनसान समझेगा और दोनों मुझे नीच समझेंगे।

कायस्थ : नहीं, नहीं, तुम भूल करते हो।

कबीर : मैं उन्हें गले से लगाना चाहता हूँ, क्या वे मुझे गले से लगाएँगे?

कायस्थ : *(ठिठककर)* इसकी क्या ज़रूरत है? ज़रूरत इस बात की है कि भगवान उन्हें गले लगाएँ और भगवान तुम्हें भी गले लगाएँ।

कबीर : उनका भगवान मुझे गले नहीं लगाएगा साहिब, वह भी उन्हीं को गले लगाएगा। फिर एक बराबर कैसे हुए?

कायस्थ : क्या एक साथ मिलकर बैठना ज़रूरी है?

कबीर : सुनिए साहिब, मैं हूँ तो नीच जात का अनपढ़ जुलाहा, पर एक बात तो मैं भी समझता हूँ। जब तक किसी की नज़र में एक ब्राह्मण है और दूसरा तुर्क, तब तक वह इनसान को इनसान नहीं समझेगा। मैं इनसान को इनसान के नाते गले लगाने के लिए मन्दिर के सारे पूजा-पाठ और विधि-अनुष्ठान छोड़ता

हूँ और मस्जिद के रोज़ा-नमाज़ भी छोड़ता हूँ। मैं इनसान को इनसान के रूप में देखना चाहता हूँ।

कायस्थ : सुनो कबीरदास, यह काशी है। लोग तुम्हें कुचल देंगे। यहाँ का राजा हिन्दू है, पर कोतवाल तुर्क है। लोदी बादशाह की अमलदारी है और तुम ख़ुद मामूली जुलाहे हो।

कबीर : क्या आपको कोतवाल साहिब ने मेरे पास भेजा है?

कायस्थ : नहीं, नहीं, मुझे कोई क्यों भेजेगा? मैं तो तुम्हारे भले के लिए तुम्हें यह बता रहा हूँ

कबीर : आप साफ़-साफ़ कहिए, क्या बात है? आप क्यों मेरे पास तशरीफ़ लाए हैं?

कायस्थ : मैं वक़्त रहते तुम्हें आगाह करने आया हूँ।

कबीर : किस बात के बारे में आगाह करने आए हैं?

कायस्थ : सुनो कबीरदास, दिल्ली के बादशाह, सिकन्दर लोदी, यहाँ तशरीफ़ ला रहे हैं। बिहार की फ़तह के बाद वह दिल्ली लौट रहे हैं। रास्ते में काशी से होकर जाएँगे। हाकिम लोग सोचते हैं कि उन दिनों तुम्हारे यहाँ रहते झगड़ा हो सकता है।

कबीर : *(मुस्कुराकर)* महन्तों के पास गोला-बारूद है और मस्जिदवालों के पास तलवारें हैं, हाथी-घोड़े हैं, भाले-नेजे हैं। मेरे पास तो मेरा यह इकतारा है साहिब, मेरे रहते झगड़ा किस बात का!

कायस्थ : बादशाह सलामत के यहाँ रहते तुम अपना सत्संग लगाना बन्द कर दो।

कबीर : क्यों भला?

कायस्थ : उनके यहाँ रहते तुम बाज़ारों में नहीं घूमो, किसी को अपने कवित्त नहीं सुनाओ, बहस-मुबाहिसा नहीं करो। बस, हमने कह दिया।

कबीर : सत्संग तो लगेगा साहिब। सत्संग में तो हम मिलकर भजन करते हैं। और हम अपने कवित्त भी सुनाएँगे और गलियों में भी घूमेंगे।

कायस्थ : सोच लो, यह मैं तुम्हारे ही भले के लिए कह रहा हूँ। मुल्ला- ब्राह्मण को नाराज़ करना एक बात है, शहंशाह को नाराज़ करना बिलकुल दूसरी बात।

कबीर : सत्संग तो लगेगा, साहिब!

कायस्थ : सत्संग के कारण पहले तुम्हारा झोंपड़ा जल चुका है।

कबीर : जानता हूँ।

कायस्थ : *(सहसा क्रुद्ध होकर)* तुम इतने बड़े नहीं हो कि इतनी अकड़ कर सको। अपनी तौफ़ीक पहचानो। मैं तुम्हारी मदद करना चाहता हूँ। अभी भी वक़्त है, सँभल जाओ। तुम्हारी हैसियत ही क्या है?

कबीर : *(मुस्कुराकर)* सत्संग तो लगेगा, साहिब!

कायस्थ : हमने जो कहना था, कह दिया। अब सोच लो।

कबीर : *(मुस्कुराकर)*

कबिरा खड़ा बज़ार में
लिये लुकाठी हाथ
जो घर फूँके आपना
चले हमारे साथ।

कायस्थ : कोई तेरे साथ नहीं जाएगा। यह बात गाँठ बाँध लो।

[बाहर जाने लगता है।]

कबीर : *(भावनात्मक आवेश में, एक के बाद एक, कवित्त कहते हुए :)*

हमन हैं इश्क मस्ताना, हमन को होशियारी क्या
रहें आज़ाद या जग से, हमन दुनिया से यारी क्या।
जो बिछड़े हैं पियारे से, भटकते दर-ब-दर फिरते

हमारा यार है हम में, हमन को इन्तज़ारी क्या।
न पल बिछुड़ें पिया हम से, न हम बिछुड़ें पियारे से
उन्हीं से नेह लागी है, हमन को बेकरारी क्या।
कबीरा इश्क का नाता, दुई को दूर कर दिल से
जो चलना राह नाज़ुक है, हमन सिर बोझ भारी क्या।

कबीर यहु घर प्रेम का, खाला का घर नाहिं
सीस उतारे हाथि करि, सो पैसे घर माहिं।
कबीर निज घर प्रेम का, मारग अगम अगाध
सीस उतारि पगतलि धरै, तब निकट प्रेम का स्वाद।

[इस बीच कायस्थ चला जाता है।]

प्रेम ने खेतौं नीपजैं, प्रेम न हाट बिकाय
राजा परजा जिस रुचें, सिर दे, सो ले जाय।
भगति दुहेली राम की, नहिं कायर का काम
सीस उतारै हाथि करि, सो लेसी हरि नाम।

[इस बीच पीपा, सेना, रैदास, बशीरा का प्रवेश।]

कबीर : *(उन्हें देखकर)* हम घर जारा आपना, लिया मुराड़ा हाथ *(मुस्कुराकर)* अब घर जारों तासु का, जो चले हमारे साथ।

रैदास : अरे, हमारा क्या जारोगे, जिसका कुछ होगा, वही तो जारोगे?

पीपा : इधर कौन आय रहा जिसके साथ तुम बातें कर रहे थे? यह वही तो नहीं जो कोतवाल के साथ उठता-बैठता है? क्या कहता था?

कबीर : कहता था, भजन करना छोड़ दो, सत्संग लगाना छोड़ दो।

पीपा : फिर तुमने क्या कहा?

कबीर : यही तो बात है, मुझे बाद में सूझता है कि क्या कहना चाहिए था। मैं उसके सामने तो जी-जी ही कहता रहा। *(हँसता है)* कहता था, यहाँ बादशाह सलामत आ रहे हैं। उनके रहते सत्संग नहीं लगाओ, लोगों से बहस-मुबाहिसा नहीं करो।

रैदास : फिर?

कबीर : मैंने कहा, सत्संग तो लगेगा।

[सहसा कोतवाल का प्रवेश—अपने सिपाहियों के साथ।]

कोतवाल : पकड़ लो इन्हें। बन्द कर दो इन्हें हवालात में। ये शहर में बदअमनी फैला रहे हैं।

[कबीर और उसके साथियों को पकड़कर ले जाते हैं।]

कायस्थ : *(जो कोतवाल के पीछे-पीछे चला आया था)* अब सुना है, कबीरदास एक और शोसा छोड़ने जा रहा था।

कोतवाल : वह क्या?

कायस्थ : सुना है, सत्संग के साथ अब भंडारा भी लगाने जा रहा था।

कोतवाल : भंडारा क्या होता है?

कायस्थ : सब लोग मिलकर भोजन करेंगे। चमार-नाई-मोची-हिन्दू-तुर्क—मिलकर भंडारा करेंगे।

कोतवाल : इससे क्या होगा?

कायस्थ : इससे धर्म की मर्यादाएँ टूटेंगी, जात-पात के नियम टूटेंगे। हमने सुना है, यह बीमारी काशी में ही नहीं

फूटी है, देश के और स्थानों में भी फूट रही है। कुम्मी-कमीने इकट्ठा हो रहे हैं।

कोतवाल : फूट ही नहीं रही है, फैल भी रही है।

कायस्थ : नाम भगवान का लेते हैं, आँखें बादशाहों को दिखाते हैं।

कोतवाल : ये क्या आँखें दिखाएँगे! हमसे भूल हुई। एक बार अगर इन्हें हाथी के पैरों के तले रौंद दिया जाता तो इनके सब सत्संग और भंडारे ख़त्म हो जाते।

[कोतवाली के एक अधिकारी का प्रवेश]

आ गए? बादशाह सलामत से भेंट हुई? कब काशी में तशरीफ़ लाएँगे?

अधिकारी : लश्कर वहाँ से चल पड़ा है। बादशाह सलामत काशी में पहुँचा ही चाहते हैं। मैं जनाब को ख़बर दे पाने के लिए सरपट घोड़ा दौड़ाता हुआ पहुँचा हूँ।

कोतवाल : कितने दिन तक यहाँ क़याम करेंगे?

अधिकारी : दो दिन तक लश्कर पड़ाव डालेगा।

कोतवाल : उनकी आमद के दूसरे दिन शाही दरबार का इन्तज़ाम कर दिया जाए।

अधिकारी : जनाब!

[अधिकारी का प्रस्थान]

[दूसरे अधिकारी का प्रवेश]

कोतवाल : कहो, क्या ख़बर लाए?

अधिकारी-2 : बादशाह सलामत ने ख़्वाहिश ज़ाहिर की है कि काशी में अपने निवास के दिनों वह कबीरदास नाम के फ़कीर से मिलना चाहते हैं।

कोतवाल : *(हैरान होकर)* उससे मिलना चाहते हैं! हमने तो उसे और उसके साथियों को हवालात में डाल दिया है!

अधिकारी-2 : फर्मा रहे थे कि उनके पीर शेख़ तक्की कबीरदास का बहुत ज़िक्र करते हैं, इसलिए उन्होंने फ़रमाया है कि वह कबीरदास से मिलना चाहते हैं।

कोतवाल : यह तो सारी बात ही बदल गई! हम तो उसे बादशाह सलामत के रास्ते से हटाना चाहते थे।

अधिकारी-2 : बादशाह इसलिए बादशाह होते हैं कि वे इनसान को पहचानते हैं। उन्होंने कबीर की ख़ूबियों को देख लिया है, मगर हम लोग नहीं देख पाए।

कोतवाल : किसी में गुण होते हैं, तभी लोग उसे आँखों पर बैठाते हैं। बीसियों लोग उसके सत्संग में बैठने लगे हैं तो यह बिना किसी कारण के नहीं हो सकता।

अधिकारी-2 : इस आदमी को कितना दंड दिया गया, गंगा में डुबोया गया, चमड़ी उधेड़ी गई, मस्त हाथी के आगे फेंका गया, लेकिन इसे आँच नहीं आई। पहुँचा हुआ फ़कीर था, इसीलिए बच गया।

कोतवाल : इसमें शक नहीं कि इस आदमी में कोई ख़ुदादाद ताक़त है, एक ख़ास कशिश है जिससे लोग इसकी तरफ़ खिंचे आते हैं।

कायस्थ : बेशक, बेशक, पहली बार जब मैंने कबीर की तरफ़ देखा तो देखता ही रह गया। उसके चेहरे पर से आँखें हट ही नहीं पाती थीं। ऐसा नूर टपकता था।

कोतवाल : तो यही फ़ैसला रहा कि कबीरदास और उसके साथियों को रिहा कर दिया जाए। वे काशी में ही बने रहें।

अधिकारी-2 : जहाँ ये लोग बैठते हैं, उस जगह की सफ़ाई का इन्तज़ाम मैं करवा दूँगा। वहाँ सरकारी भिश्ती भेज

दिए जाएँगे। पानी का छिड़काव हो जाएगा। छोटी-मोटी सजावट भी कर दी जाएगी।

कोतवाल : कुछ गुलाब-केवड़ा भी छिड़कवा देना। बादशाह सलामत, मुमकिन है, उसे वहीं पर मिलना चाहें। और सुनो, बादशाह सलामत को इस बात की ख़बर नहीं मिलनी चाहिए कि कबीरदास का झोंपड़ा जला दिया गया था, या उसके साथ किसी क़िस्म की ज़्यादती की जाती रही है, वरना लेने के देने पड़ जाएँगे।

अधिकारी-2 : हम तो उनका जमाव तोड़ते रहे, उसके साथियों को कोड़े लगाते रहे, और इधर बादशाह सलामत ख़ुद उससे मिलने आ रहे हैं। बादशाहों के दिल की थाह कोई नहीं पा सकता।

[सहसा, दूर से नगाड़ों, तूतियों का शोर सुनाई देने लगता है।]

कोतवाल : यह आवाज़ क्या है?

[अधिकारी-1 का प्रवेश]

अधिकारी-1 : लश्कर आ पहुँचा है।

कोतवाल : सभी दरबारी बादशाह सलामत की अगवानी करने शहर के बाहर पहुँचें।

अधिकारी-1 : हुज़ूर! काशीनरेश मन्त्रियों, दरबारियों के साथ पहले से रवाना हो चुके हैं।

कोतवाल : पूरी-की-पूरी फ़ौजी टुकड़ी बादशाह सलामत की देखभाल के लिए तैनात कर दी जाए।

अधिकारी-1 : हुज़ूर! पूरे लश्कर के खान-पान के लिए शहर में मुनादी कर दी जाए कि सभी दुकानदार छावनी में रसद पहुँचाएँ और कबीरदास के साथ पूरी

मान-मर्यादा का सुलूक किया जाए। चलिए, कोतवाल साहिब।

कायस्थ : कबीरदास का कैसा सितारा चमका है! ज़रूर कोई पहुँचा हुआ पीर-पैग़म्बर है।

[अधिकारियों और कायस्थ का प्रस्थान]

कोतवाल : हम लोग तो अचानक सँभल गए। बादशाह सलामत की आमद का पता चला तो सँभल गए, वरना जाने हम कबीरदास के साथ क्या कर बैठते! और जाने इसका क्या हस्र होता!

[प्रस्थान]

[पर्दा गिरता है।]

तीसरा अंक

तीसरा अंक

दृश्य : 1

[सड़क के किनारे, कबीर और रैदास झाड़ू लगा रहे हैं। भंडारे का आयोजन पिछवाड़े में किया गया है। किसी-किसी वक़्त कोई भक्त कोई बर्तन या रसद का सामान उठाए आता है और पिछवाड़े की ओर चला जाता है।]

कबीर : मुझे उम्मीद नहीं थी कि इतने लोग आएँगे।

[कबीर की पत्नी लोई लाल चुनरी ओढ़े हँसती हुई आती है।]

रैदास : भाभी, तुम भी आ गईं?

लोई : और क्या, हम घर पर बैठी रहतीं? *(कबीर से)* आज हमने सोचा, भंडारा लग रहा है, तो हम चुनरी ओढ़कर जाएँगी। क्यों जी, फबती है न?

रैदास : बहुत फबती है।

लोई : इनने चुनरी बनाई थी। हमारे लिए। इस पर कवित्त भी कहा था। क्यों, कहा था न?

रैदास : *(कबीर से)* कौन-सा कवित्त कहा था?

कबीर : याद नहीं।

लोई : हमें याद है तो तुम्हें काहे को याद नहीं?
'भीजै चुनरिया प्रेम रस बूँदन
आरती साज के चली है सुहागिन
प्रिय अपने को ढूँढ़न'
क्यों, यही है न?

कबीर : *(हँसकर)* यही है। माँ नहीं आई?

लोई : वह आटा गूँध रही हैं। बशीरा भैया बोरी-भर आटा उनके सामने डाल आए हैं। बोलती थीं, मैं घर से ही आटा गूँधकर ले जाऊँगी। *(पीछे की ओर झाँककर)* इधर तो मेला लगा हुआ है! चार-पाँच तो चूल्हे जल रहे हैं!

[प्रस्थान]

बशीरा : *(पिछवाड़े से मंच पर आते हुए)* बहुत लोग आएँगे। अल्लाह के पयारे सभी आएँगे।

सेना : तुर्क, हिन्दू—सभी आएँगे।

बशीरा : *(हथेली पर तम्बाकू मसलते हुए)* कई बार कबीरे से कहा, कवित्त कहना हमें भी सिखा दे, हम भी इकतारा उठाए कवित्त बोला करेंगे, मगर वह सुसरा...

सेना : तुम रैदास से कहो। वह तुम्हें सिखा देगा।

बशीरा : अरे नहीं सिखाएगा, ये सब एक ही थैली के चट्टे-बट्टे हैं। मगर कोई फिक्र नहीं। हम उसी के कवित्त गाते हैं तो लगता है अपने ही गा रहे हैं। *(कबीर से)* कबीर भैया, अब सत्संग का जमाव करो, नहीं तो देर हो जाएगी।

कबीर : हाँ, ठीक कहते हो।

नूरा : *(पतीला उठाए हुए अन्दर आता है)* तू कभी चैन से बैठने नहीं देगा, कबीरे।

[कबीर आगे बढ़कर पतीला ले लेता है।]

भर पाई हमने ऐसे बेटे से।

कबीर : लाओ बापू, मुझे दे दो।

नूरा : तेरी बातें जहान से निराली हैं, इधर साधु-सन्तों को खाना खिलाएगा?

कबीर : भंडारा सभी के लिए है, बापू, जो आ जाए।

नूरा : तू भंडारे लगाता फिरेगा तो घर में खड्डी कौन चलाएगा?

कबीर : खड्डी भी चलती रहेगी, बापू। *(तनिक रुककर)* तुम बेशक घर जाओ, बापू, आराम करो।

नूरा : आराम क्यों करें? इधर तू भंडारा लगाए और हम घर पर बैठे आराम करें! बता, और क्या चाहिए?

कबीर : इधर पिछवाड़े में चले जाओ, बापू, पीपा आपको बता देगा।

नूरा : *(बड़बड़ाते हुए)* अब पहले पीपा को ढूँढ़ें!

[प्रस्थान]

बशीरा : *(सेना से)* शहर में शाही लश्कर उतरा हुआ है, फ़ौजी जो मन आए करते हैं। *(हँसकर)* इधर पीछे घाट के पास खोमचेवाला बैठता है, देखा है न?

सेना : देखा है।

बशीरा : हम उससे पूरी लेने जाएँ तो हमें नज़दीक नहीं आने दे। हम नीचे ज़मीन पर बैठते, वह ऊपर से पूरी फेंकता था, जैसे कुएँ में ढेला फेंकते हैं। आज हमने क्या देखा, तुर्क सिपाही झपट-झपटकर खोमचे में से पूरियाँ उठा रहे हैं, और खोमचेवाला लपक-लपककर उन पर सालन डाल रहा है।

सेना : दुकानदार की नज़र में हर ग्राहक भगवान का अवतार होता है।

बशीरा : ठीक कहते हो, न भगवान पैसे देता है, न ये फ़ौजी पैसे देते हैं।

कबीर : उन लोगों को भी बुला लो, बशीरा भाई। अब सत्संग शुरू करो। इधर बैठते जाएँ।

[कबीर इकतारा उठा लेता है।
बहुत-से लोग पिछवाड़े से आ जाते हैं। बहुत बड़ा जमाव है। सत्संग चलने लगता है। मंडली बड़ी तन्मयता से गीत गाने लगती है।]

सभी मिलकर :
हमरे राम रहीम करीमा, कैसो अलह राम सति सोई
बिसमिल मेटि बिसंबर एकै, और न दूजा कोई...।

[गीत चल रहा है, तभी भाले-नेजे उठाए लोदी लश्कर के सिपाही लामबन्द आते हैं और स्टेज पर तैनात हो जाते हैं। उनके पीछे सुल्तान सिकन्दर लोदी, पालकी में बैठे हुए दाख़िल होते हैं। कबीरदास के सत्संग देखकर रुक जाने का हुक्म देते हैं।]

सिकन्दर : यहाँ क्या चल रहा है?

कोतवाल : जहाँपनाह, यहीं पर कबीरदास का सत्संग होता है। वह रहा कबीरदास।

सिकन्दर : बुलाओ उसे, हम उससे मिलना चाहते हैं।

[कबीरदास आगे बढ़ आता है।]

तुम हो कबीरदास? तुम्हारा नाम तो हमने बहुत सुना है। हम तुमसे मिलना चाहते थे।

[सुलतान पालकी में से उतर आता है। एक ओर ऊँची कुर्सी रख दी जाती है। कोतवाल

के अलावा दो-तीन उमरा-वज़रा साथ में हैं। भालोंवाले सिपाही स्टेज पर तैनात हो जाते हैं। सत्संगी अपने चिथड़ों में उठ खड़े होते हैं।]

इधर सड़क के किनारे तुम क्या करते हो, फ़कीर?

कबीर : भगवान का नाम लेते हैं, साहिब!

सिकन्दर : तुम्हें और कोई जगह इबादत के लिए नहीं मिली? *(कोतवाल से)* सड़क के किनारे तो भिखमंगे बैठे हैं। हमारे यहाँ शेख़ तक्की भी बैठक जमाते हैं, पर किसी बाग़ में या मस्जिद के चबूतरे पर। *(कबीर से)* हमने तुम्हारा नाम बहुत सुना है। हमारे पीर, शेख़ तक्की साहिब अक्सर तुम्हारा जिक्र करते हैं।

कबीर : उनकी इनायत है।

सिकन्दर : इधर दरवेशों, सूफ़ियों, फ़कीरों का असर-रसूख बहुत बढ़ने लगा है।

[कबीर सामने खड़ा हलके-हलके मुस्कुराता रहता है :]

हम चाहते हैं कि तुम हमारे यहाँ दिल्ली में आओ, हम वहाँ तुम्हारी मुलाक़ात शेख़ तक्की साहिब से कराएँगे। *(उमरा से)* इन मज़हबी लोगों की गुफ़्तगू सुनकर हमें बड़ा लुत्फ़ आता है। हम अक्सर दो मौलवियों के बीच कोई बहस छेड़ देते हैं। फिर उन्हें चोंचें लड़ाते देखते रहते हैं। ख़ूब मज़ा रहता है। *(वज़ीर से)* शेख़ तक्की कहा करते हैं कि हिन्दू लोग भी यह मानकर बुतपरस्ती नहीं करते कि बुत ही ख़ुदा है। लाहौल वला कुव्वत! एक पत्थर का टुकड़ा

ख़ुदा कैसे हो सकता है? उसके पीछे भी एक फ़लसफ़ा है।

वज़ीर : जहाँपनाह!

सिकन्दर : उनका कहना है कि बुत एक जरिया है ख़ुदा तक पहुँचने का। क्या समझे?

वज़ीर : हुज़ूर!

सिकन्दर : अब तुम समझो, एक फ़नकार है, तस्वीरें बनाता है। उसके दिल में एक जज़्बा उठता है। अब जज़्बे का अपना तो कोई रंगरूप नहीं होता, कोई शक्ल नहीं होती, लेकिन वह फ़नकार रंगों, लकीरों की मदद से उस जज़्बे को बयान कर देता है। मतलब कि तस्वीर देखनेवाला उन रंगों और लकीरों को देखते हुए उस जज़्बे को पा जाता है जिसे फ़नकार बयान करना चाहता है। समझे? इसी तरह पत्थर का बुत अपने में ख़ुदा नहीं है, लेकिन उसके ज़रिए हम ख़ुदा का तसव्वुर कर लेते हैं, ऐसा इन लोगों का कहना है। पर हमें तो, सच पूछो, इन बातों के बारे में सोचकर ही सिरदर्द होने लगता है। *(कबीर से)* सिर्फ़ दरवेशी ही करते हो या कोई और काम-धन्धा भी करते हो? मेरा मतलब है कि माँगकर खाते हो या...

कबीर : मैं जुलाहा हूँ, साहिब, कपड़ा बुनता हूँ। यह मेरा गुरुभाई रैदास है, यह चमार है। वह सामने सेना खड़ा है, वह नाई है। बशीरा भिश्ती का काम करता है।

सिकन्दर : अच्छा, अच्छा, तो तुम फ़कीर नहीं हो! मैं समझे बैठा था कि फ़कीर हो, फ़कत ख़ुदा की इबादत करते हो। तुम तो दुनियावी आदमी हो। *(कबीर को ऊपर से नीचे तक देखकर)* तुम्हारे फटे-पुराने कपड़ों

से तो नहीं लगता कि तुम जुलाहा हो। कपड़ों से तो भिखमंगे ही नज़र आते हो।

[उमरा-वज़रा की ओर देखकर हँसता है।]

कबीर : जुलाहों की यही ख़ूबी है बादशाह सलामत, लोगों को कपड़े पहनाते हैं, खुद चिथड़ों में घूमते हैं। जुलाहों को चिथड़े भी नसीब हो जाएँ, ग़नीमत है।

सिकन्दर : यह तो अपने-अपने एमाल की बात है। एमाल के मुताबिक ही इनसान को जन्नत भी नसीब होता है और दोज़ख़ भी। चिथड़े भी नसीब होते हैं और मोतियों के हार भी।

[अपने गले में पहने हुए मोतियों के हार से खेलता रहता है। कबीर मुस्कुरा देता है।]

सिकन्दर : क्यों फ़कीर! मुस्कुरा क्यों रहा है?

कबीर : हुज़ूर, आपने मोतियों के हार का नाम लिया तो मुझे कुछ याद हो आया।

सिकन्दर : हमें भी बताओ, क्या याद हो आया?

कबीर : हुज़ूर, कुछ अरसा पहले हमारे यहाँ एक दानिशमन्द हो गुज़रे हैं, अमीर खुसरो उनका नाम था। आपने सुना होगा?

सिकन्दर : बेशक, बेशक!

कबीर : अपने बादशाह के गले में मोतियों का हार देखकर उन्होंने फ़रमाया था कि ग़रीबों के आँसू मोती बनकर बादशाह सलामत के गले की ज़ेबाइश बने हैं।

सिकन्दर : मतलब?

कबीर : आपने अपने-अपने एमाल की बात कही तभी मुझे ख़याल आया। किसी के आँसू दूसरों के लिए मोती

जुटा देते हैं और उसे अपने लिए चिथड़े भी नहीं जुट पाते।

सिकन्दर : बड़े हाज़िर-जवाब हो! फ़कीर लोग तो फ़कत अल्लाह का नाम लेते हैं और दूसरों के लिए दुआ माँगते हैं, तो तुम पेशेवर फ़कीर नहीं हो? *(हँसता है। कोतवाल आदि की ओर देखकर)* आजकल फ़कीरी भी तो पेशा बन गई है न! *(कबीर से)* शेख़ तक्की साहिब तुम्हारा बहुत ज़िक्र करते थे, तो हमने सोचा, जब यहाँ से गुज़र रहे हैं, तुमसे मिलते चलें। मैं समझे बैठा था, तुम फ़कीर हो, ख़ुदा के बन्दे हो। पर यहाँ तो तुम धन्धा भी करते हो और फ़कीरी भी।

कबीर : आप जिस फ़कीरी की सोच रहे हैं, वह ज़रूर एक धन्धा ही है।

सिकन्दर : तुम्हारी फ़कीरी कोई दूसरी तरह की है क्या?

कबीर : मेरी फ़कीरी के लिए घर-बाहर छोड़ने की ज़रूरत नहीं है। मेरी नज़र में हर काम इबादत है।

सिकन्दर : बड़ी पैनी बात कही है। समझदार आदमी मालूम होते हो। ज़्यादा तफ़सील के साथ कहो। हर काम इबादत कैसे बन सकता है? यह बताओ, कपड़ा बुनना इबादत कैसे हुई? *(कोतवाल से)* सभी फ़कीर जनूनी होते हैं। *(कबीर से)* अब हम जंग करते हैं, क्या उसे भी इबादत कहोगे?

कबीर : नहीं, जंग इबादत नहीं है। इनसान की ख़िदमत करना, उसे सुखी बनाना इबादत है।

सिकन्दर : हम बिहार पर अपनी फ़तह का झंडा गाड़कर लौटे हैं, तो क्या यह छोटी-सी बात है? क्या यह क़ौम की ख़िदमत नहीं? दीन की ख़िदमत नहीं?

कबीर : *(मुस्कुरा देता है)* नहीं, यह ख़िदमत नहीं है। यह दीन की, ख़ुदा की तौहीन है।

सिकन्दर : *(चौंककर)* तुम पहले इनसान हो जो हमारे सामने इस तरह बोलने की जुर्रअत कर रहे हो। लेकिन हम तुम्हारे साथ नरमी से पेश आएँगे क्योंकि किसी हकीर-फ़कीर पर हम हाथ नहीं उठाते। *(पैनी नज़र से कबीर की ओर देखते हुए)* तेरा मज़हब क्या है?

कबीर : मैं ख़ुदा का बन्दा हूँ। मेरा मज़हब इनसान की मोहब्बत है। ख़ुदा की बन्दगी है।

सिकन्दर : लेकिन तेरा कोई दीन भी तो होगा! तू इबादत भी तो करता होगा!

कबीर : मैं उस ख़ुदा की इबादत करता हूँ जो हर इनसान के दिल में बसता है।

सिकन्दर : कौन है वह ख़ुदा?

कबीर : मेरा परवरदिगार मेरे चारों ओर है। वह मेरे दिल में बसता है। उसकी नज़र में न कोई हिन्दू है, न तुर्क। मैं अल्लाह का नूर हर इनसान में देखता हूँ, इनसान के दिल में देखता हूँ।

सिकन्दर : बातें तो ऐसे कर रहे हो, जैसे तुम्हारा दिल, दिल न हो, जन्नत हो!

कबीर : जन्नत से भी ज़्यादा ख़ूबसूरत है। मेरे दिल में मेरा मालिक बसता है।

इस घट अन्तर बाग़ बगीचे, इसी में सिरजनहारा
इस घट अन्तर सात समन्दर, इसी में नौ लख तारा
इस घट अन्तर पारस मोती, इसी में परखनहारा
इस घट अन्तर अनहद गरजै, इसी में उठत फुहारा।
कहत कबीर सुनो भाई साधो, इसी में साईं हमारा।

सिकन्दर : पर यह मेरे सवाल का जवाब तो न हुआ। हमारे यहाँ भी सूफ़ी हैं, लेकिन वे मुसलमान हैं। वे दीन को क़बूल करते हैं। लेकिन लगता है, यह आदमी दीन को नहीं

मानता। क्यों फ़कीर, मैं फिर पूछता हूँ, तेरा मज़हब कौन-सा है?

कबीर : मैंने मज़हबों को छोड़ दिया है।

सिकन्दर : मज़हबों को छोड़ दिया है! यह कैसे हो सकता है? अभी-अभी तो ख़ुदा की ज़ात की बात कर रहा था।

कबीर : ख़ुदा की ज़ात मज़हब नहीं है। रोज़ा-नमाज़ मज़हब है, पूजा-पाठ, व्रत-उपवास मज़हब हैं।

सिकन्दर : तो फिर?

कबीर : जो रोज़ा-नमाज़ न करे, वह तुर्क नहीं है। जो व्रत-उपवास न करे, वह हिन्दू नहीं है।

सिकन्दर : ठीक ही तो है।

कबीर : मैं इनसान को हिन्दू और तुर्क की नज़र से नहीं देखता, मैं उसे केवल इनसान की नज़र से, ख़ुदा के बन्दे की नज़र से देखता हूँ।

सिकन्दर : लेकिन हिन्दू हिन्दू है, और मुसलमान मुसलमान। क्या हिन्दू का बेटा हिन्दू नहीं होगा?

कबीर : जन्म से सभी इनसान होते हैं, वरना ब्राह्मण का बेटा माँ के पेट से ही तिलक लगाकर निकलता और तुर्क का बेटा खतनी करवाकर निकलता।

[कोतवाल और सिकन्दर लोदी एक-दूसरे की तरफ़ देखते हैं।]

सिकन्दर : यह क्या बक रहा है? *(कबीर से)* सुन फ़कीर, तेरे ये फ़लसफ़े तुम्हें दूर नहीं ले जाएँगे।

कबीर : मुझे दूर जाना ही नहीं है, मुझे केवल अपने मालिक के चरणों तक जाना है। एक इनसान से दूसरे इनसान के दिल तक जाना है।

कोतवाल : *(बादशाह से)* यह आदमी दीन की तौहीन करता है।

रोज़ा-नमाज़ को बुरा-भला कहता है। यहाँ तक कि मस्जिद की सीढ़ियों पर खड़ा होकर उलटी-सीधी बातें करता रहता है।

सिकन्दर : सुन फ़कीर, हमने सोचा था कि हम तुम्हें अपने साथ दिल्ली ले चलेंगे और मेरी मुलाक़ात शेख़ तक्की साहिब से कराएँगे। पर मैं देखता हूँ कि तू कोई ख़ब्ती-जनूनी आदमी है जो यहाँ उलटी-सीधी बातें करके बदअमनी फैला रहा है। *(चीख़कर)* बोल, तेरा मज़हब क्या है?

कबीर : एक निरंजन अल्लाह मेरा, हिन्दू-तुर्क दुहीं नहीं मेरा।
पूजा करूँ, न नमाज़ गुज़ारूँ, एक निराकार हिरदै नमस्कारूँ।
न हज जाऊँ, न तीरथ-पूजा, एक पिछाण्या तो क्या दूजा।
कहै कबीर भरम सब भागा, एक निरन्तन सूँ मन लागा।

सिकन्दर : तो यह है तेरा जवाब! *(कोतवाल से)* इस आदमी पर कड़ी नज़र रखो और हमें इत्तला करते रहो। *(उठ खड़ा होता है)* उठ फ़कीर, आज के बाद कभी मुझे शिकायत मिली कि तूने दीन की तौहीन की है तो मैं तेरी टाँगें चीर दूँगा। *(सहसा गुस्से से)* इस आदमी को शहर से बाहर निकाल दो। और इन सबको हटा दो यहाँ से।

[सुल्तान का प्रस्थान]

[सुल्तान के सिपाही भाले-नेज़े की नोक पर कबीर को वहाँ से ले जाते हैं। अन्य सिपाही उसके साथियों को वहाँ से खदेड़ देते हैं।]

कबीर : *(जाते हुए)* निर्भय, निर्गुण गुण गाऊँगा।

[कुछ देर तक स्टेज पर मौन रहता है। कुछ भक्त एक ओर एक-दूसरे से सटकर सिकुड़े-से

खड़े रहते हैं, फिर सहसा अनेक दिशाओं से कबीर का पद गाते हुए लोग स्टेज पर उतरते हैं :]

मोको कहाँ ढूँढ़े बन्दे, मैं तो तेरे पास में
ना मैं देवल, ना मैं मजिस्द, ना काबे कैलास में

[पर्दा गिरता है।]

●●●